Sergio Altesor Ramos, M.Div.

Recopilación y edición

Púlpito y Poesía

Recursos poéticos para la predicación, la enseñanza y la devoción espiritual.

Editorial ABC

Púlpito y Poesía: Recursos poéticos para la predicación, la enseñanza y la devoción. (Serie Recursos Ministeriales)
Sergio Altesor Ramos, recopilación y edición

Primera edición – Julio 2007
Sistema Decimal Dewey 251.08

ISBN-13: 978-0-9776865-2-0
ISBN-10: 0-9776865-2-3

Diseño y arte por la Editorial ABC.
Foto de la tapa: © David L. Moore

Visite el blog del autor:
permitamecontarle.blogspot.com

Printed in the U.S.A

A mis queridos padres
Petrona y Altesor

CONTENIDO

10

INTRODUCCIÓN

Poesía y vida

La poesía es el canto del alma estampada en papel. Es el borbotar del espíritu humano bajo la imperiosa demanda de sus emociones, ya sean estas de alegría, de quebranto, de sorpresa, de temor. La poesía compila en estrofas las vivencias humanas; vivencias éstas, que pueden variar desde las más místicas, íntimas, públicas, complejas, hasta las más sencillas. La escritora, el campesino, el mecánico, el ama de casa, el teólogo, el maestro, la enfermera, el panadero y la abogada, sienten; y en ese palpitar de sentimientos, el espíritu suele elevarse, sublimándose en expresiones poéticas.

Poesía es vivir con sinceridad, sentir profundo, pensar elevado, y expresarse con nitidez. Poesía es capturar un efímero instante en el casi eterno borrador de un cuaderno. Poesía es retratar el alma por medio de palabras... pero no sólo el alma. La labor poética resalta lo que otros pasan por alto, protesta contra los vicios sociales, embellece lo hermoso, describe lo invisible, adora lo inalcanzable. La poesía demanda inspiración y transpiración. No siempre fluyen las emociones a través de las palabras, además, los vocablos en escasas ocasiones son apropiados para simbolizar lo impalpable del ser interior, la majestuosa naturaleza, o el inmensurable Señor.

Muchos han sido y continúan siendo los gérmenes de la poesía, entre otros podríamos mencionar: la mujer, el amor, la muerte, el miedo, la fe en Dios, los sentimientos patrióticos, la admiración por la naturaleza, el imaginario folclórico, y mil etcéteras más. Respecto a la poesía que se aboca exclusivamente a las temáticas cristianas, el pastor y poeta uruguayo Dionisio Medina, dice concretamente [Medina, Romances del Espíritu, pp. 3, 4.]:

11

Aquel que realmente pertenece al Señor alberga en su corazón un gran entusiasmo por cantar, alabar y glorificar a Dios… Todo discípulo de Cristo siente enorme gratitud por todo lo que él hizo y hará en su favor. Cristo, su amor, su obra, sus bendiciones, ha sido la fuente de innumerables poemas a través de la historia. Él es la persona más importante que ha existido… Quien se entrega a Cristo se acerca al gran océano del amor, ancho, profundo, sin límites. Jesús es la más enternecedora poesía, el más bello canto, el más sublime poema, la canción más admirable que hemos escuchado. Por eso es que en su presencia el corazón salta de dicha, explota de entusiasmo, porque para el creyente Jesús mismo es poesía.

¿Qué valor puede tener la poesía como recurso homilético? ¿Cuáles son sus virtudes para la devoción, la oración y la educación cristiana? Pasemos a considerarlo brevemente.

Poesía: recurso homilético, educativo y devocional

Púlpito y Poesía refleja la convicción que la poesía es una valiosa herramienta en manos del cristiano que sabe apreciarla y utilizarla. La poesía, como otros recursos disponibles (el humor, la narrativa, la noticia, la anécdota, la ilustración, etc.) puede ser una pieza poderosa en la presentación de la Palabra de Dios. En este particular, el doctor Cecilio Arrastía comenta que [Arrastía, Teoría y práctica de la predicación, p. 175]:

Cualquier género literario bona Fide —poesía, drama, ensayo— puede ser un valiosos recurso en la predicación. Nada más lejos de la verdad que aquella antigua afirmación en labios de predicadores (entonces no había muchas predicadoras) que se expresaba así: "Yo soy hombre de un libro". Ese libro, claro, era la Biblia. Al decir esto se olvidaban dos realidades. Una, que la Biblia no es un libro, sino sesenta y seis libros. Dos, que dentro de esa pequeña biblioteca hay historia, poesía, drama, filosofía, cuentos... Estos géneros literarios hablan de golpes de estado, adulterio, idolatría, traición, suicidios, ansiedad, pánico. Todos los estados anímicos que se expresan en novelas, dramas y poemas, aparecen en la Biblia, en la cual hay suspenso, aventura y biografías."

La poesía es relevante en el quehacer de proclamar las buenas noticias de la salvación. Pero no quisiéramos pasar por alto que la inclusión de una poesía en el sermón dominical –digamos– por sí sola, no lo hará "perfecto". Sin embargo, la poesía podría adicionarle el detalle que ilumine la pieza homilética con una potencia singular. Samuel Pagán, lo dice así: "A las múltiples notas de la sinfonía espiritual del evento de la proclamación, frecuentemente ha quedado el vacío que sólo la suave, bella e imponente poesía pudiera completar. La poesía, como recurso homilético, no es un todo completo; sino que es, o en el mejor de los casos, puede ser, el acorde perfecto que traerá armonía a todo lo demás dicho".

Pero la poesía, generalmente –para ser honestos– no ha sido escrita para la declamación sermonea (pese a que ya establecimos sus posibilidades y beneficios en el púlpito). La poesía tiene enormes tesoros para la reflexión, la meditación, la vida espiritual y la oración, así como también, empleada con propiedad, puede ser una herramienta educativa extraordinaria. Por lo tanto, el creyente o lector en general podrá deleitarse, pensar, emocionarse y reflexionar al leer cada poema; así como los maestros de la Escuela Dominical, la Escuela Bíblica o la Escuela de Vacaciones, encontrarán en este volumen un precioso caudal para compartir con sus estudiantes.

Púlpito y Poesía está compuesto por varios poemas de los más queridos maestros de las letras hispánicas, como: Miguel de Cervantes, Quevedo, Gustavo Adolfo Bécquer, Jorge Manrique, Amado Nervo, Rubén Darío, por nombrar algunos de los más de veinticinco literatos incluidos;

además de algunos poemas de autores contemporáneos, incluyendo algunos de nuestra propia pluma.

Púlpito y Poesía, es una compilación enciclopédica para la predicación, la enseñanza y la devoción; y es parte de la SERIE RECURSOS MINISTERIALES. Este tomo de la serie, compila la poesías que expresan el amor de Dios a la humanidad, y la devoción de los seres humanos hacia la divinidad, así como de varios otros aspectos de la vida del "más acá y del más allá". Ya que la articulación lírica no es mera belleza inoperante, confiamos que esta adición poética a la serie, traiga auxilio práctico a quienes sirven al Señor con sinceridad y entrega diaria.

Rogamos a Dios que el predicador y la predicadora, el maestro y la maestra, el lector y la lectora hispanohablante, descubra un renovado manantial de meditación, adoración, y belleza por medio de esta imperfecta compilación.

Con sincero aprecio, su amigo,

Sergio Altesor Ramos, M.Div.
Miami, FL.
Junio 2007

ACUÑA, MANUEL

(1849-1873, mexicano)

Una limosna

A mi querido amigo A.F. Cuenca.

¡Entrad!... en mi aposento
donde sólo se ven sombras,
está una mujer muriendo
entre insufribles congojas...
Y a su cabecera tristes
dos niñas bellas que lloran,
y que entrelazan sus manos
y que gimen y sollozan.
Y la infeliz ya no mira
ni tiene aliento en la boca,
y cuando habla sólo dice
con voz hueca y espantosa:
"¡Yo tengo hambre! ¡Yo tengo hambre!
Por piedad ¡Una limosna!"
Y calla... y las niñas gimen...
y calla... y el viento sopla...
y llora... y nadie la escucha,
¡qué nadie escucha al que llora!

¿Y la oís? - ¡Ay!, hijas mías
vas por fin a quedar solas...
solas... y sin una madre
que os alivie y que os socorra...
solas... y sin un mendrugo
que llevar a vuestra boca...
Adiós... adiós... ya me muero...

ya no tengo hambre...
y la mísera expiraba ¡"Una limosna!"
entre angustias y congojas,
mientras que las pobres niñas
casi locas, casi locas
la besaban y lloraban
envueltas entre las sombras.
Después... temblando de frío
bajo sus rasgadas ropas,
caminaban lentamente
por la calle oscura y sola,
exclamando con voz triste
al divisar una forma;
..."¡Me muero de hambre!"
Y la otra...
..."¡Una limosna!"

La ramera

A mi querido amigo Manuel Roa.

Humanidad pigmea,
tú que proclamas la verdad y el Cristo,
mintiendo caridad en cada idea;
tú que, de orgullo el corazón beodo,
por mirar a la altura
te olvidas de que marchas sobre lodo;
tú que diciendo hermano,
escupes al gitano y al mendigo
porque son un mendigo y un gitano.
Ahí está esa mujer que gime y sufre
con el dolor inmenso con que gimen
los que cruzan sin fe por la existencia;
escúpela también... ¡anda!... ¡no importa
que tú hayas sido quien la hundió en el crimen

que tú hayas sido quien mató su creencia!

¡Pobre mujer, que abandonada y sola
sobre el oscuro y negro precipicio,
en lugar de una mano que la salve
siente una mano que la impele al vicio;
y que al bajar en su redor los ojos
y a través de las sombras que la ocultan
no encuentra más que seres que la miran
y que burlando su dolor la insultan...

Antes era una flor... una azucena
rica de galas y de esencias rica,
llena de aromas y de encantos llena;
era una flor hermosa
que envidiaban las aves y las flores,
y tan bella y tan pura
como es pura la nieve del armiño,
como es pura la flor de los amores,
como es puro el corazón del niño.

Las brisas le brindaban con sus besos,
y con sus tibias perlas el rocío,
y el bosque con sus álamos espesos,
y con su arena y su corriente el río;
y amada por las sombras en la noche,
y amada por la luz en la mañana,
vegetaba magnífica y lozana,
tendiendo al aire su purpúreo broche;
pero una vez el soplo del invierno
en su furia maldita,
pasó sobre ella y le arrancó sus hojas,
pasó sobre ella y la dejó marchita;
y al contemplar sin galas
su cálice antes de perfumes lleno,
la arrebató impaciente entre sus alas
y fue a hundirla cadáver en el cieno.

17

¡Filósofo mentido!...
¡Apóstol miserable de una idea
que tu cerebro vil no ha comprendido!
Tú que la ves que gime y que solloza,
y burlas su sollozo y su gemido...
¿Qué hiciste de aquel ángel
que amoroso y sonriente
formó de tu niñez el dulce encanto!
¿Qué hiciste de aquel ángel de otros días,
que lloraba contigo si llorabas
y gozaba contigo si reías...?
¡Te acuerdas!... Lo arrancaste de la nube
donde flotaba vaporoso y bello,
y arrojándola al hambre,
sin ver su angustia ni su amor siquiera,
le convertiste de camelia en lodo:
le transformaste de ángel en ramera!

¡Maldito tú que pasas
junto a las frescas rosas,
y que sus galas sin piedad les quitas!
¡Maldito tú que sin piedad las hieres,
y luego las insultas por marchitas!
¡Pobre mujer!... ¡Juguete miserable
de su verdugo mismo!...
Víctima condenada
a vegetar sumida en un abismo
más negro que el abismo de la nada
y a no escuchar más eco en sus dolores,
que el eco de la horrible carcajada
con que el hombre le paga sus amores.

¡Pobre mujer, a la que el hombre niega
el derecho sublime
de llamar hijo a su hijo!
¡Pobre mujer que de rubor se cubre

cuando escucha que le grita madre!
Y que quiere besarle, y se detiene,
porque sabe que un beso de sus besos
se convierte en borrón donde lo imprime!

Deja ya de llorar, pobre criatura,
que si del mundo en la escabrosa senda,
caminas entre fango y amargura,
sin encontrar un ser que te comprenda,
en el cielo los ángeles te miran,
te compadecen, te aman,
y lloran con el llanto lastimero
que tus ojos bellísimos derraman.

¡Y que se burle el hombre, y que se ría!
¡Y que te llame harapo y te desprecie!
Déjale tu reír, y que te insulte,
Que ha de llegar el día
en que la gota cristalina y pura
se desprenda del lodo
para elevarse nube hasta la altura.

Y entonces en lugar de un anatema,
en lugar de un desprecio,
escucharás al Cristo del Calvario,
que añadiendo tu pena
a tus lágrimas tristes en abono
te dirá como ha tiempo a Magdalena:
Levántate, mujer, yo te perdono.

Los beodos

Junto a una pulquería
cuyo título es "Los godos"
disputaban dos beodos

la tarde de cierto día.

Yo pasaba por fuera
de la taberna predicha,
me detuve y por mi dicha
oí la disputa entera.

-Oiga, amigo, no me abroche
tan horrenda tontería,
yo le digo que es de día.
-Pos yo digo que es de noche

-Pos yo el sol es lo que miro
y no hay estrella ninguna.
-Pos yo digo que es la luna
y muy grandota dialtiro.

Es que asté ya se le escapa
toditito don Perfeuto
porque ya siente el efeuto
del maldecido Tlamapa.

-¡Qué Tlamapa, ni que nada!
A mí el pulque no me aprieta,
-Pos yo apuesto una peseta.
-Pos yo apuesto mi frezada.

-¿Pos con quién nos arreglamos?
-Pos con cualesquiera, vale,
-Bueno, pero no me jale.
-Bueno, pus entonces vamos.

Y entre diciendo y haciendo
este par de tercos beodos,
se salieron de "Los godos"
casi, casi que cayendo.

Y viendo pasar un coche
al cochero se acercaron,
y presto le preguntaron
si era de día o de noche.

Pero el salvaje cochero
movió triste la cabeza
y respondió con torpeza:
señores: ¡soy forastero!

ALMAFUERTES

PEDRO BONIFACIO PALACIOS
(1854-1917, argentino)

Adiós a la Maestra

Obrera sublime,
bendita señora:
la tarde ha llegado
también para vos.
¡La tarde, que dice:
descanso!…la hora
de dar a los niños
el último adiós.
Mas no desespere
la santa maestra:
no todo en el mundo
del todo se va;
usted será siempre
la brújula nuestra,
¡la sola querida
segunda mamá!
Pasando los meses,
pasando los años,
seremos adultos,
geniales tal vez…
¡mas nunca los hechos
más grandes o extraños
desfloran del todo
la eterna niñez!
En medio a los rostros
que amante conserva
la noble, la pura

memoria filial,
cual una solemne
visión de Minerva,
su imagen, señora,
tendrá su sitial.
Y allí donde quiera
la ley del ambiente
nimbar nuestras vidas,
clavar nuestra cruz,
la escuela ha de alzarse
fantásticamente,
cual una suntuosa
gran torre de luz.
¡No gima, no llore
la santa maestra:
no todo en el mundo
del todo se va;
usted será siempre
la brújula nuestra,
¡la sola querida
segunda mamá!

A la Primavera

¡Salud, primavera, princesa encantadora!
saludo engrandecido las gasas de tu velo;
ya orlan tus vestidos el argentino suelo.
¡Salud, reina galana que el trópico atesora!
En la triunfal carroza que llegas, soñadora,
viene la diosa áurea con perfumado vuelo.
¡quién sabe de qué mundo! ¡quién sabe de qué cielo!
¡salud, gentil doncella! ¡tu túnica enamora!
De tus joyas de virgen, los rizos nacarados
se extienden tiernamente con sin igual candor;
por las grandes ciudades, por los desiertos prados,
tus tintes de armonías, tus ecos sublimados,
encierran luengas páginas de ensueños y de amor.
¡salud, reina que llegas de mundos ignorados!

Como los bueyes

Ser bueno, en mi sentir, es lo más llano
y concilia deber, altruismo y gusto:
con el que pasa lejos, casi adusto,
con el que viene a mi, tierno y humano.
Hallo razón al triste y al insano,
mal que reviente mi pensar robusto;
y en vez de andar buscando lo más justo
hago yunta con otro y soy su hermano.
Sin meterme a Moisés de nuevas leyes,
doy al que pide pan, pan y puchero;
y el honor de salvar al mundo entero
se lo dejo a los genios y a los reyes:
Hago, vuelvo a decir, como los bueyes,
mutualidad de yunta y compañero.

Hijos y Padres

(Dedica a su hermana Carmen)

I

Como la lluvia copiosa sobre el suelo,
como rayo de sol sobre la planta,
como cota de acero sobre el pecho,
como noble palabra sobre el alma,
para los hijos
de tus entrañas
debe ser tu cariño hermana mía
riego, calor, consolación y gracia.

II

Como tierra sedienta de rocío,
como planta en la sombra sepultada,
como pecho desnudo en el peligro,
como guerrero inerme en la batalla,
así, en la ardiente
contienda humana,
¡ay! los hijos que pierden a sus padres,
pierden riego, calor, escudo y lanza.

III

Como nube de arena que no riega,
como sol que no alumbra en la borrasca,
como roto espaldar que no defiende,
como consejo que pervierte y mancha,
así, malditos,
padres sin alma,
son aquellos que niegan a sus hijos
consejo, amor, ejemplo y esperanza.

IV

Como fecunda tierra agradecida,
como planta que al sol sus flores alza,
como pecho confiado tras la cota,
como hasta Dios se magnifica el alma,
así, los hijos,
cuando les aman,
dan plantas de virtud como esa tierra,
frutos de bendición como esas plantas,
arranques de valor como esos pechos,
rayos de inmensa luz como esas almas.

Invernal

La tarde es lluviosa; del ramaje
penden como harapos destrozados,
los nidos de las aves enlutados
como el pálido verde del follaje.
Solo y silencioso aquel boscaje
de plumeros verdosos y mojados,
de áspides, de prados desolados,
parece un escuálido paisaje.
Donde se encierra la grandeza humana
con todos sus achaques y certezas,
con la infinita vanidad insana
de todas las antorchas de nobleza.
¡Bosque do se funde la campana
que tañerá mis horas de tristezas!

BÉCQUER, GUSTAVO ADOLFO

(1836-1870, español)

Al brillar un relámpago nacemos...

Al brillar un relámpago nacemos
y aún dura su fulgor cuando morimos;
tan corto es el vivir.

La gloria y el amor tras que corremos
sombras de un sueño son que perseguimos:
¡Despertar es morir!

Asomaba a sus ojos una lágrima...

Asomaba a sus ojos una lágrima
y a mis labios una frase de perdón...
habló el orgullo y se enjugó su llanto,
y la frase en mis labios expiró.

Yo voy por un camino, ella por otro;
pero al pensar en nuestro mutuo amor,
yo digo aún: "¿Por que callé aquél día?"
y ella dirá. "¿Por qué no lloré yo?"

Besa el aura que gime blandamente...

Besa el aura que gime blandamente
las leves ondas que jugando riza
el sol besa a la nube de occidente
y de púrpura y oro la matiza.
la llama en derredor del tronco ardiente
por besar a otra llama se desliza.
y hasta el sauce inclinándose a su peso
al río que lo besa, vuelve un beso.

Dos rojas lenguas de fuego...

Dos rojas lenguas de fuego
que a un mismo tronco enlazadas
se aproximan, y al besarse
forman una sola llama.

Dos notas que del laúd
a un tiempo la mano arranca,
y en el espacio se encuentran
y armoniosas se abrazan.

Dos olas que vienen juntas
a morir sobre una playa
y que al romper se coronan
con un penacho de plata.

Dos jirones de vapor
que del lago se levantan,
y al reunirse en el cielo
forman una nube blanca.

Dos ideas que al par brotan,
dos besos que a un tiempo estallan,
dos ecos que se confunden,
eso son nuestras dos almas.

Hoy la tierra y los cielos me sonríen...

Hoy la tierra y los cielos me sonríen;
hoy llega al fondo de mi alma el sol;
hoy la he visto.., la he visto y me ha mirado...
¡Hoy creo en Dios!

No digáis que agotado su tesoro...

No digáis que agotado su tesoro,
de asuntos falta, enmudeció la lira:
Podrá no haber poetas; pero siempre
   habrá poesía.

Mientras las ondas de la luz al beso
palpiten encendidas;
mientras el sol las desgarradas nubes
   de fuego y oro vista;

mientras el aire en su regazo lleve
   perfumes y armonías;
mientras haya en el mundo primavera,
   ¡habrá poesía!

Mientras la ciencia a descubrir no alcance
   las fuentes de la vida,
Y en el mar o en el cielo haya un abismo
   que al cálculo resista;

mientras la humanidad siempre avanzando,
   no sepa a dó camina;
mientras haya un misterio para el hombre,
   ¡habrá poesía!

Mientras sintamos que se alegra el alma
   sin que los labios rían;

mientras se llora sin que el llanto acuda
  a nublar la pupila;

mientras el corazón y la cabeza
  batallando prosigan;
mientras haya esperanzas y recuerdos,
  ¡habrá poesía!

Mientras haya unos ojos que reflejen
  los ojos que los miran;
mientras responda el labio suspirando
  al labio que suspira;

mientras sentirse puedan en un beso
  dos almas confundidas;
mientras exista una mujer hermosa,
  ¡habrá poesía!

BERMÚDEZ Y ORTEGA, FEDERICO

(1884 – 1921, dominicano)

Paisaje

Es hora del profundo silencio de las cosas.
Ya todo, aletargado, parece que dormita
bajo el halago de una pesadumbre infinita
que hace las horas tristes, y lentas y tediosas.

Discreto, el sol occiduo dibuja y prende rosas
de púrpura en las nubes; un aura leve agita
las frondas en silencio y apenas precipita
del viejo mar en calma las ondas rumorosas.

La tarde, flor de ensueño, doblega el áureo broche
y tiembla a la primera caricia de la noche
que esparce desde oriente su inmensa cauda bruna.

Mientras como un heraldo divino de esperanza
asoma, tras la noche ilumínica que avanza,
su rostro de oro pálido y magnifico: la Luna

Se murió el avaro

Se murió el avaro, y en la estancia oscura
donde yace el cuerpo sobre el tosco alambre
de una cama pobre, alguien asegura
que el avaro triste ¡se murió de hambre...!

Una pobre vieja misericordiosa,
presa de congojas y crueles martirios,

a todos advierte, triste y pesarosa,
que hace falta incienso y hacen falta cirios.

Todos los curiosos se van alejando
de la pobre vieja, mientras va quedando
el avaro a oscuras y sin oración.

Cuando al otro día fueron a enterrarlo
cuatro pordioseros, todos al mirarlo
pasar, ¡sonreían de satisfacción...!

CALDERÓN DE LA BARCA, PEDRO

(1600-1681, español)

Décima

Esa seda que rebaja
tus procederes cristianos
obra fue de los gusanos
que labraron tu mortaja.
También en la región baja
la tuya han de devorar.
¿De qué te puedes jactar,
ni en qué tus glorias consisten
si unos gusanos te visten
y otros te han de desnudar?

CARDONA RIVERA, PABLO

(1913-1995, puertorriqueño)

Que Dios te de una corona

Madre que te hallas presente
Vengo a darte un saludo,
Tu haces el número uno
Entre los seres vivientes
Yo te deseo fielmente
Que pases felices horas,
Sabemos que te devoras
Por anhelar a tus hijos,
Como un premio merecido
Que Dios te de una corona

Jamás en mi mente hay duda
De tu sentimiento fiel,
Eres dulce cual la miel
Como los ángeles pura.
Tú eres toda una dulzura,
Y de las flores aroma
Tú eres madre directora
Y de la juventud celosa.
De ricas perlas preciosas
Que Dios te de una corona

Tu eres madre cual la diosa
Que tiene para los niños
Una expresión de cariño
Y una sonrisa amorosa.
Pensativa y cavilosa
Te pasas horas tras horas,

Al salir y se demoran
Los hijos de tus entrañas.
Y para recobrar tu calma
Que Dios te de una corona

Tu eres el ser que en la tierra
Mereces toda atención,
Toda consideración
Más aún que a las doncellas.
Mereces de ricas perlas
Un collar que esté a la moda.
Mereces que Dios te escoja
Un lugar en su mansión,
Y para tu coronación
Que Dios te de una corona.

Para una madre es un gozo
Acariciar su bebé,
Y le paga más después
Con momentos tormentosos.
Ella sufre entre sollozos
Y de sentimiento llora,
Triste como una paloma
Sufre momentos fatales,
Y para recobrar tus males
Que Dios te de una corona

Tú eres la confianza
Del hijo del corazón.
En ti no hay confusión
Únicamente esperanza.
Yo se que tu no te cansas
De consolar al que llora,
Tú eres la consoladora
De las almas afligidas
Para tus sienes divinas
Que Dios te de una corona.

Si con lágrimas pudiera
Conseguirle salvación,
Lloraría sin compasión
Hasta que lo consiguiera
Pero no es así como yo diera.
Hay una voz redentora
La que todo lo controla..
La que paga por su precio
Pero voy a pedir por tus hechos,
Que Dios te de una corona

Si eres el ser más querido
De toda la creación.
Pido por ti una flor
Del paraíso divino.
Que Dios vaya en tu camino
Para que no vayas sola,
Cuando se acerque la hora
De abandonar esta tierra
De las brillantes estrellas
Que Dios te de una corona

Como la madre ninguna

Madre de espíritu puro
Quiero que oigas mi relato
Vengo a brindarte en el acto
Un abrazo y un saludo
Frente al altar te lo juro
Y en mi corazón no hay duda
Que madre solamente hay una
Que nos brinda su cariño
Y para alimentar a un niño
Como la madre ninguna

Madre, que Dios te bendiga
Y te corone de gloria,
Porque has tenido en tu historia
Sufrimientos en tu vida
Lágrimas por tus mejillas
Derramas con amarguras
Por tus pequeñas criaturas
Si las ve en decadencia
Y según declara la ciencia
Como la madre ninguna

Muchas madres con razón
Son celosas por supuesto
Pero esto es un afecto
Que nade del corazón
Hay que ven con que emoción
Llegan con esa ternura
Alimentar en la cuna
A un hijo de sus entrañas
Habrá otro quien lo haga
Y como la madre ninguna

Cuando un niño está intranquilo
La madre con gran aprecio
Lo lleva sobre su pecho
Hasta dejarlo dormido
En su pecho le hace un nido
En su corazón su cuna
Y quien será el que tenga duda
De ese amor santo y sereno
Si entre la tierra y el cielo
Como la madre ninguna

Cuando una madre sufrida
No se le logran sus planes
Suele remediar sus males

Con lágrimas cristalinas
Ella sus ojos inclina
Y clama al Dios de las alturas,
Para que el Señor acuda
Con bálsamos de consuelo
Hay quien sufra en este suelo
Y como la madre ninguna.

Si un hijo reconociera
La importancia de una madre,
Debería de adorarle
Y que ella nunca sufriera
Viendo que esa es la primera
Que lo adora con ternura,
Vendrán otras con dulzura
A brindarle otros placeres,
Si hay en el mundo mujeres
Y como la madre ninguna.

Quien tenga la madre viva
No debe hacerla sufrir
Debe desear morir
Antes de verla sufrida
La madre es muy condolida
La madre es una fortuna,
Es cruel el que no acuda
Cuando una madre lo llama,
Y en la tierra soberana
Como la madre ninguna.

Yo te voy a desear
Para ti madre cristiana,
Una preciosa morada
En la patria celestial
Donde puedas recobrar
Tus pasadas amarguras
Que los ángeles se reúnan

41

Para iluminar tu mente,
Si entre los seres vivientes
Como la madre ninguna.

CERVANTES SAAVEDRA, MIGUEL DE

(1547-1616, español)

Don Bellanís de Grecia a don Quijote de la Mancha

Rompí, corté, abollé, y dije y hice
Más que en el orbe caballero andante;
Fui diestro, fui valiente, fui arrogante;
Mil agravios vengué, cien mil deshice.

Hazañas di a la Fama que eternice;
Fui comedido y regalado amante;
Fue enano para mí todo gigante
Y al duelo en cualquier punto satisfice.

Tuve a mis pies postrada la Fortuna,
Y trajo del copeta mi cordura
A la calva Ocasión al estricote.

Mas, aunque sobre el cuerno de la luna
Siempre se vio encumbrada mi ventura,
Tus proezas envidio, ¡oh gran Quijote!

Ovillejos

¿Quién menoscaba mis bienes?
¡Desdenes!
¿Y quién aumenta mis duelos?
¡Los celos!
¿Y quién prueba mi paciencia?
¡Ausencia!
De ese modo en mi dolencia
ningún remedio me alcanza,
pues me matan las esperanzas,
desdenes, celos y ausencia.

¿Quién me causa este dolor?
¡Amor!
¿Y quién mi gloria repugna?
¡Fortuna!
¿Y quién consiente mi duelo?
¡El cielo!
De ese modo yo recelo
morir deste mal extraño,
pues se aúnan en mi daño
amor, fortuna y el cielo.

¿Quién mejorará mi suerte?
¡La muerte!
Y el bien de amor, ¿quién le alcanza?
¡Mudanza!
Y sus males, ¿quién los cura?
¡Locura!
De ese modo no es cordura
querer curar la pasión,
cuando los remedios son
muerte, mudanza y locura.

COSME, PEDRO JUAN

(1925-, puertorriqueño)

Madero de salvación

Cuando mi alma naufragaba
en la tormenta de mi vida
en un mar de tentaciones
sinsabores y desdicha
pude alcanzar un madero
que tenía forma de cruz.
porque alguien me gritaba
ven a mi yo soy la luz.

Ah, qué sorpresa la mía
alguien me tendía sus manos
y me decía no temas
que también yo soy tu hermano
Me tendió sus largos brazos
porque había cicatrices
en la palma de sus manos.

Eran las manos de Cristo
que murió crucificado
pues para salvar al mundo
Jehová le había enviado
que tan grande la suerte mía
que cuando en mí no había luz
Puede abrazar en un madero
nada menos que a Jesús.

Solo Cristo es el camino

Especialmente para ti
Dios envía este mensaje
Especialmente para ti
Porque Él quiere salvarte.

Si en verdad quieres salvarte
No pelees con los molinos
No hagas como Don Quijote
Sólo Cristo es el camino.

Si en verdad quieres salvarte
No hagas de peregrino
Pues para llegar al cielo
Sólo Cristo es el camino.

Ceguera espiritual

Quítame Señor la venda de los ojos
Quítame Dios mío esta ceguera
Que no me deja ver la luz del día
Que no me deja ver la luz
Que tú irradias.

Señor, sólo quiero seguir tus huellas
Que seas mi pastor pues soy tu oveja
Sin ti estoy perdido en el camino
Líbrame de caer en el abismo.

Señor, sólo tú puedes salvarme
Muéstrame el camino,
Oh Dios con tu presencia
Ser ciego espiritual, no me es propicio
Líbrame de caer al precipicio.

Padre todo ha terminado

Tanto, tanto el dolor
Tanto, tanto el sufrimiento
Que mirando al firmamento
Le dice al Padre angustiado
¿Por qué me has desamparado?
Padre, sólo triste, abandonado
Con espinas coronado
En una cruz estoy clavado.

Padre, con un reo a cada lado
A morir fui sentenciado
Un costado traspasado
Por la lanza de un soldado
Agua con sangre ha brotado
De la herida del costado
Padre, mi espíritu he entregado
Pues, Padre, todo ha terminado

Raices de amargura

Arranca esta raices de amargura
Que han crecido aquí en mi corazón
No permitas que se metan más profundas
Y hagan daños a otro corazón.

Es un grito de angustia lo que brota
De mi pecho cuando clamo a ti
Mi Salvador.
Es un grito que taladra mi alma
Cuando busco tu faz en oración.

Yo necesito mi Dios de tu perdón
Yo necesito mi Dios la salvación.

Hay que hablar con Cristo

Me he quedado solo
todo lo he perdido
Pero no me importa
porque tengo a Cristo
Tal vez estoy pagando
por algún delito
Pero no me importa
he ganado a Cristo.

De noche no duermo
ya no se si vivo
Pero aquí en mi cuarto
Cristo está conmigo
En mis oraciones
a Jesús le digo
Cristo no te alejes
quédate conmino.

Por mi Dios he hecho
tanto sacrificios
Es mi fortaleza
y mi pronto auxilio
Me he quedado solo
todo lo he perdido
Bajo a mis rodillas
quiero hablar con Cristo.

Quítame este dolor

Quítame este dolor Dios mío.
Quítame este dolor Dios mío.

Que me viene rompiendo el alma
Que destroza mi corazón y mis entrañas

48

Que me quita el aliento y hasta la calma
Quítame este dolor.

El dolor de saber que te he olividado
De saber que fuiste a la cruz en el Calvario
Y como cordero fuiste sacrificado
Para pagar por mis culpas y pecados
Quítame este dolor.

Ahora gimo ante ti arrodillado
Pidiéndote perdón por mis pecados
Con el corazón contrito y humillado
Porque sé que yo también te he traicionado
Quítame este dolor.

Todo a mi Dios

A mi Dios ofrezco esta alabanza
A mi Dios con toda mi pasión
Le ofrezco un corazón
Contrito y humillado
Un espíritu quebrantado
A mi Dios todo se lo doy.

Vivir sin Dios yo ya no podría
Para mí el mundo carece de valor
Porque todo lo puedo en Cristo
Que me fortalece
Porque fue Él quien todo lo creó
El cielo, sol, luna, y las estrellas
Toditas esas cosas bellas
Tan grandes y tan bellas
Fue mi Dios quien las creó.

Del polvo me hizo

Forma de hombre me dio
Aliento de vida en mi nariz sopló
A su imagen y semejanza me hizo Dios
Para adorarle y alabarle
Vivo yo.

DARÍO, RUBÉN

(1867-1916, nicaragüense)

Los tres reyes magos

-Yo soy Gaspar. Aquí traigo el incienso.
Vengo a decir: La vida es pura y bella.
Existe Dios. El amor es inmenso.
¡Todo lo sé por la divina Estrella!

-Yo soy Melchor. Mi mirra aroma todo.
Existe Dios. Él es la luz del día.
La blanca flor tiene sus pies en lodo.
¡Y en el placer hay la melancolía!

-Soy Baltasar. Traigo el oro. Aseguro
que existe Dios. Él es el grande y fuerte.
Todo lo sé por el lucero puro
que brilla en la diadema de la Muerte.

-Gaspar, Melchor y Baltasar, callaos.
Triunfa el amor y a su fiesta os convida.
¡Cristo resurge, hace la luz del caos
y tiene la corona de la Vida!

Canto de esperanza

Un gran vuelo de cuervos mancha el azul celeste.
Un soplo milenario trae amagos de peste.
Se asesinan los hombres en el extremo Este.

¿Ha nacido el apocalíptico Anticristo?
Se han sabido presagios y prodigios se han visto
y parece inminente el retorno de Cristo.

La tierra está preñada de dolor tan profundo
que el soñador, imperial meditabundo,
sufre con las angustias del corazón del mundo.

Verdugos de ideales afligieron la tierra,
en un pozo de sombra la humanidad se encierra
con los rudos molosos del odio y de la guerra.

¡Oh, Señor Jesucristo! ¡Por qué tardas, qué esperas
para tender tu mano de luz sobre las fieras
y hacer brillar al sol tus divinas banderas!

Surge de pronto y vierte la esencia de la vida
sobre tanta alma loca, triste o empedernida,
que amante de tinieblas tu dulce aurora olvida.

Ven, Señor, para hacer la gloria de Ti mismo;
ven con temblor de estrellas y horror de cataclismo,
ven a traer amor y paz sobre el abismo.

Y tu caballo blanco, que miró el visionario,
pase. Y suene el divino clarín extraordinario.
Mi corazón será brasa de tu incensario.

Lo fatal

A René Pérez

Dichoso el árbol que es apenas sensitivo,
y más la piedra dura porque ésa ya no siente,
    pues no hay dolor más grande que el dolor de ser
    vivo,
ni mayor pesadumbre que la vida consciente.

Ser, y no saber nada, y ser sin rumbo cierto,
y el temor de haber sido y un futuro terror...
Y el espanto seguro de estar mañana muerto,
y sufrir por la vida y por la sombra y por

lo que no conocemos y apenas sospechamos,
y la carne que tienta con sus frescos racimos,
y la tumba que aguarda con sus fúnebres ramos,
¡y no saber adónde vamos,
ni de dónde venimos!...

La calumnia

Puede una gota de lodo
sobre un diamante caer;
puede también de este modo
su fulgor obscurecer;
pero aunque el diamante todo
se encuentre de fango lleno,
el valor que lo hace bueno
no perderá ni un instante,
y ha de ser siempre diamante
por más que lo manche el cieno.

Yo soy aquel que ayer no más decía

A José Enrique Rodó

Yo soy aquel que ayer no más decía
el verso azul y la canción profana,
en cuya noche un ruiseñor había
que era alondra de luz por la mañana.

El dueño fui de mi jardín de sueño,
lleno de rosas y de cisnes vagos;
el dueño de las tórtolas, el dueño
de góngolas y liras en los lagos;

y muy siglo diez y ocho y muy antiguo
y muy moderno; audaz, cosmopolita;
con Hugo fuerte y con Verlaine ambiguo,
y una sed de ilusiones infinita.

Yo supe de dolor desde mi infancia,
mi juventud...fue juventud la mía?
Sus rosas aún me dejan su fragancia...
una fragancia de melancolía...

Potro sin freno se lanzó mi instinto,
mi juventud montó protro sin freno;
iba embriagada y con puñal al cinto;
si no cayó, fue porque Dios es bueno.

En mi jardín se vio una estatua bella;
se juzgó mármol y era carne viva;
una alma joven habitaba en ella,
sentimental, sensible, sensitiva.

Y tímida ante el mundo, de manera
que encerrada en silencio no salía,
sino cuando en la dulce primavera

era la hora de la melodía...

Hora de ocaso y de discreto beso;
hora crepuscular y de retiro;
hora de madrigal y de embeleso,
de "te adoro", de "ay!" y de suspiro.

Y entonces era en la dulzaina un juego
de misteriosas gamas cristalinas,
un renovar de notas del Pan griego
y un desgranar de músicas latinas.

Con aire tal y con ardor tan vivo,
que a la estatua nacían de repente
en el muslo viril patas de chivo
y dos cuernos de sátiro en la frente.

Como la Galatea gongorina
me encantó la marquesa verleniana,
y así juntaba a la pasión divina
una sensual hiperestesia humana;

todo ansia, todo ardor, sensación pura
y vigor natural; y sin falsía,
y sin comedia y sin literatura...
si hay una alma sincera, esa es la mía.

La torre de marfil tentó mi anhelo;
quise encerrarme dentro de mí mismo,
y tuve hambre de espacio y sed de cielo
desde las sombras de mi propio abismo.

Como la esponja que la sal satura
en el jugo del mar, fue el dulce y tierno
corazón mío, henchido de amargura
por el mundo, la carne y el infierno.

Mas, por gracia de Dios, en mi conciencia
el Bien supo elegir la mejor parte;
y si hubo áspera hiel en mi existencia,
melificó toda acritud el Arte.

Mi intelecto libré de pensar bajo,
bañó el agua castalia el alma mía,
peregrinó mi corazón y trajo
de la sagrado selva la armonía.

¡Oh, la selva sagrada! ¡Oh, la profunda
emanación del corazón divino
de la sagrada selva! ¡Oh, la fecunda
fuente cuya virtud vence al destino!

Bosque ideal que lo real complica,
allí el cuerpo arde y vive y Psiquis vuela;
mientras abajo el sátiro fornica,
ebria de azul deslíe Filomela.

Perla de ensueño y música amorosa
en la cúpula en flor del laurel verde,
Hipsipila sutil liba en la rosa,
y la boca del fauno el pezón muerde.

Allí va el dios en celo tras la hembra,
y la caña de Pan se alza del lodo;
la eterna vida sus semillas siembra,
y brota la armonía del gran Todo.

El alma que entra allí debe ir desnuda,
temblando de deseo y fiebre santa,
sobre cardo heridor y espina aguda:
así sueña, así vibra y así canta.

Vida, luz y verdad, tal triple llama
produce la interior llama infinita.

El arte puro como Cristo exclama:
¡Ego sum lux et veritas et vita!

Y la vida es misterio, la luz ciega
y la verdad inaccesible asombra;
la adusta perfección jamás se entrega,
y el secreto ideal duerme en la sombra.

Por eso ser sincero es ser potente;
de desnuda que está, brilla la estrella;
el agua dice el alma de la fuente
en la voz de cristal que fluye de ella.

Tal fue mi intento, hacer del alma pura
mía, una estrella, una fuente sonora,
con el horror de la literatura
y loco de crepúsculo y de aurora.

Del crepúsculo azul que da la pauta
que los celestes éxtasis inspira,
bruma y tono menor --¡toda la flauta!
y Aurora, hija del Sol--¡toda la lira!

Pasó una piedra que lanzó una honda;
pasó una flecha que aguzó un violento.
La piedra de la honda fue a la onda,
y la flecha del odio fuese al viento.

La virtud está en ser tranquilo y fuerte;
con el fuego interior todo se abrasa;
se triunfa del rencor y de la muerte,
y hacia Belén... ¡la caravana pasa!

DELIGNE, GASTÓN FERNANDO

(1861-1913, dominicano)

Incendio

Dormida esta la ciudad,
bajo los limpios reflejos
de una luna sin mancilla
en un nacarado cielo.

Allá lejos zumba el mar;
acá suspira el misterio
y en las hebras de la luz
flota en su hamaca el silencio.

¡Qué de fantasmas de rosas,
en blando revoloteo
invaden calladamente
los cortinajes del lecho!

¡Qué tropel de diminutos
y ágiles duendes aéreos
se deslizan impalpables,
paz y calma repartiendo!

Todo, hasta el aire, es marasmo,
todo, hasta la luz, es sueño;
todo, hasta el duelo, es quimera:
¡Sólo el mal está despierto!

De cuya presencia adusta,
de cuyo empuje soberbio,
hablan, gritan las campanas

con vibrante clamoreo.

Y allá al lado del poniente,
entre oleadas de humo denso,
asoma el robusto monstruo
su roja cresta de fuego.

"Venid" parece que dice;
parece que clama: "os reto",
con su ruido de agua grande,
con sus crujidos siniestros.

¿Quién no lo vio...? Era uno solo,
y revistió en sus efectos,
los mil tonos, las mil formas,
de un espantable Proteo.

Como niño que en petardos
entretiene el raudo tiempo,
así niño en unas partes,
todo lo estallable uniendo,
estallaba en un volcán,
del raro volcán contento.

Enamorado, otras veces,
Del uno al contrario extremo
Iba hablando con su amada
a puras lenguas de fuego,
hasta perecer con ella
en blancas cenizas vuelto.

Ora bajando intranquilo,
ya presuroso subiendo,
ya contra el viento accionando
ya corriendo contra el viento;
escudriñando unas veces,
otras veces destruyendo;

dormido como un león,
en súbito apagamiento;
para surgir más robusto,
más voraz y más tremendo;
con profundidad de abismo,
con escalofrío de vértigo
era tristemente grande,
era noblemente tétrico
y hermoso terriblemente
¡aquel conflicto de incendio!

Pero más hermoso aún
el alcance del esfuerzo
que trajo el coloso a tierra,
junto a las ruinas deshecho.

Y más hermoso el que prueba
que Jesucristo no ha muerto;
que el mal sólo es transitorio,
que el bien es el solo eterno.

Porque ¿sabe acaso el ave,
después que el ciclón va lejos,
lo que la rama querida
y el dulce nido se hicieron?...

Lo sabe la caridad,
y es solamente por eso
que abre, mirando a las víctimas
¡su manto color de cielo!

Quisqueyana

Mientras combate hermano contra hermano,
la savia tropical fecunda amores,
y cuaja frutos y burila flores,
sin aprensión de invierno ni verano.

Mientras riega la sangre loma y llano,
espíranse de valles y de alcores
voluptuosos arrullos gemidores
que no interrumpe el grito del milano.

Y cuando para el trueno belicoso,
quédense los occisos alazanes,
¡oh, combustión solar!-a lo que arbitres;

que en esta tierra donde no hay volcanes,
donde no hay ofidiano ponzoñoso
ni felino feroz, tampoco hay buitres.

DÍAZ MIRÓN, SALVADOR

(1853-1928, mexicano)

Un jornalero

Lírica gracia exorna y ennoblece
¡oh proletario! Tu mansión mezquina:
el tiesto con la planta que florece,
la jaula con el pájaro que trina.

Sospechoso el tugurio no parece,
Cuando hay en él, como señal divina,
El tiesto con la planta que florece,
La jaula con el pájaro que trina.

¡Lúgubre la morada que guarece
miseria que no luce, por mohína,
el tiesto con la planta que florece,
la jaula con el pájaro que trina.!

¡Siniestro el pobre que de hogar carece,
o a su triste refugio no destina
el tiesto con la planta que florece,
la jaula con el pájaro que trina.!

La oración del preso

¡Señor, tenme piedad, aunque a ti clame
sin fe! ¡perdona que te niegue o riña
y el ara tienda con bochorno infame!

Vuelvo al antiguo altar. ¡No en vano ciña
guirnaldas a un león y desparrame
riego que pueda prosperar tu viña!
¡Líbrame por merced, como te plugo
a Bautista y Apóstol en Judea,
ya que no me suicido ni me fugo!

¡Inclínate al cautivo que flaquea;
y salvo, como Juan por el verdugo,
o como Pedro por el ángel sea!
Habito un orco infecto; y en el manto
resulto cebo a chinche y pulga y piojo;
¡y afuera el odio calumnia en tanto!

¿Qué mal obré para tamaño enojo?
El honor del poeta es nimbo santo
¡y la sangre de un vil es fango rojo!
Mi pobre padre cultivó el desierto.
Era un hombre de bien, un sabio artista,
y de vergüenza y de pesar ha muerto!

¡Oh mis querubes! ¡Con turbada vista
columbro ahora el celestial e incierto
grupo que aguarda, y a quien todo atrista!
¡Y oigo un sordo piar de nido en rama,
un bullir de polluelos ante azores;
y el soplado tizón encumbra llama!

¡Dios de Israel, acude a mis amores:
y rían a manera de la grama,
que hasta batida por los pies da flores!

Cárcel de Veracruz. Septiembre de 1895.

El predestinado

Bajo el ronco motín que grita muerte,
el sagrado bajel cruje de suerte
que semeja reír - El genio es fuerte;

Y aún ante indicio, de locura o dolo,
no culpa de falaz a Marco Polo,
y se obstina en creer, inmenso y solo.

Su fe suele medrar cuando vacila...
¡Así la llama del hachón oscila
al viento, y es mayor por intranquila!

En el ignoto piélago la nave
sigue al azar el ímpetu de un ave.
¿A dónde va? ¡Ni el Genovés lo sabe!

A la esperanza el mísero se aferra,
como a la tabla el náufrago que yerra
en la furia del mar. La noche cierra.

Bien luego magnífica su corona...
Y es que Dios con su soplo hincha la lona,
¡desde los astros de la nueva zona!

Voz que nace al timón sube a la caña...
¡El Ponto bulle con cadencia extraña
y parece que dice: ¡Viva España!

Colón, en pie sobre la proa mira...
¡Y en el cordaje un hálito respira
Y canta, como un estro en una lira!
Franja de luna por el agua riela...

¡Y al grande hombre simula rica estela,
rastro de victoriosa carabela!

DIEGO, JOSÉ DE

(1867-1918, puertorriqueño)

Dios provee

Mirad las aves del cielo,
como no siembran ni siegan,
ni allegan en alelíes
y nuestro Padre Celestial las alimenta.

San Mateo; VI, 26.

I
De un buque trasatlántico velero,
que hendía el mar con su tajante quilla,
cantaba amargamente, en la toldilla,
un zorzal de mi tierra, prisionero.

El áureo pico traspasó el acero,
cedió al dolor la dura puertecilla,
y, en sueños viendo la ignorada orilla,
el pájaro feliz huyó ligero.

Rendida y sola, en el desierto plano,
sobre el dintel del cielo el ave hambrienta
llamó tres veces con el ala en vano ....

Brilló el rayo... luchó con la tormenta...
cayó en el centro azul del Océano...
¡Dios a los pajaritos alimenta!

II
Cayó en el centro azul del Océano,

al tiempo que flotaba, en el olaje,
una balsa de hierbas y ramaje,
que aun conservaban su verdor lozano.

De alguna selva de un país lejano
la tempestad, en su furor salvaje,
traía sobre el mar, con el follaje,
blanda semilla y generoso grano.

Así el pobre zorzal desfallecido
recibe entre las ondas el sustento;
cobra en las brisas el vigor perdido;

cruza en la balsa el túrbido elemento...
¡y, al divisar la tierra de su nido,
se alza, cantando una oración, al viento!

De mi vida

Prendido lo vi cuando estaba el carpintero
el nido trabajando con su agudo puñal
y era un ronco y constante picotear de acero
en el tronco astillante de la palma real.

Mecientes de las auras el soplo matinal
o en tierra ya las fibras del profundo agujero,
se las iba llevando en su pico un jilguero
que en la copa tejiera su pequeño nidal.

Mi vida es como el árbol erguido y altanero;
devora sus entrañas un feroz carpintero,
alegra su ramaje un lírico jilguero.

Es el árbol del bien y es el árbol del mal;
el dolor sus reliquias ofrece al ideal
y resuena en la cumbre el cántico triunfal.

Fuerzas irresistibles

Cantando va la Musa de la Tierra,
cantando va la audaz locomotora,
que difunde, con voz atronadora,
todo el poder que el Universo encierra,

si oscura masa el horizonte cierra,
sus entrañas graníticas perfora
y surge coronada y triunfadora
del corazón de la temblante sierra.

La idea es el vapor: vapor divino,
que invisible y potente, como el viento,
marcha seguro a su inmortal destino.

¿Quién osa detener su movimiento?
Si se alza una montaña en su camino,
abre un túnel y pasa el pensamiento!

GABRIEL Y GALÁN, JOSÉ MARÍA

(1870-1905, español)

A un rico

(Soneto)

¿Quién te ha dado tu hacienda o tu dinero?
O son fruto del trabajo honrado,
o el haber que tu padre te ha legado,
o el botín de un ladrón o un usurero.

Si el dinero que das al pordiosero
te lo dio tu sudor, te has sublimado;
si es herencia, ¡cuán bien lo has empleado!;
si es un robo, ¿qué das, mal caballero?

Yo he visto a un lobo que, de carne ahíto,
dejó comer los restos de un cabrito
a un perro ruin que presenció su robo.

Deja, ¡oh rico!, comer lo que te sobre,
porque algo más que un perro será un pobre,
y tú no querrás ser menos que un lobo.

GIL, VICENTE

(1465 – 1536, portugués)

Cantiga 7

Todo oro que se afina
es de más fina valía,
porque tiene mejoría
de cuando estaba en la mina.

Ansí se apura y refina
el hombre y cobra valor
en la fragua del Amor.

El fuego vivo y ardiente
mejor apura el metal,
y cuanto más, mejor sal,
más claro y más excelente.

Ansí el vivir presente
se para mucho mejor
en la fragua del Amor.

Cuanto persona más alta
se debe querer más fina,
porque es de más fina mina
donde no se espera falta.

Mas tal oro no se esmalta
ni cobra rica color
sin la fragua del Amor.

Señales del fin del mundo

Primera señal: pierde el gusto.

En cuanto manjares de grande sabor
se mantiene el mundo de necesidad;
el uno es justicia, el otro verdad,
el otro es la fe, el otro el temor.

Y pues perdió el gusto de este su dulzor,
y a tales manjares cobró tal fastío,
ya os juro, señores, neste hábito mío,
que nunca jamás sane su dolor.

¡Oh mundo, señal es de tu perdimiento
perdieres el gusto de tantas dulzuras!
¡Oh evangelios, santas scrituras,
cómo os hacen molinos de viento!

Acudí al mundo, que está en pasamiento,
no puede vivir, ya no gusta nada.

Segunda señal: pierde el conocer

Otra señal, muy más apertada,
que ya no conoce; que es más perdimiento.

Ya no conoce a su criador,
Ya no conoce para qué es criado,
Ya no conoce qué cosa es pecado,
Ya no conoce se tiene señor;
Ya no conoce a su Redemptor,
Ya no conoce sus santos consejos,
Ya no conoce ni mozos ni viejos,
Ya no conoce cuál cosa es mejor.

Tercera señal: pierde la vista

Otra señal tercera le siento,
que pierde la vista, los ojos quebrados.
No ve el peligro de tantos pecados,
ni ve el camino de tanto tormiento;

no ve la ceguera de su pensamiento,
ni ve los barrancos nesta triste estrada;
no se adó va ni a qué posada,
ni siente lo cierto de su perdimiento.

No ve lo que toma ni lo que le dan;
ni ve lo que deja, ni ve lo que lleva;
ni ve quién lo alumbra, ni ve quién lo ciega;
ni ve lo que pide ni qué le darán;

no ve quién lo llama, ni a qué afán;
no ve lo que topa, ni de qué se guarda;
no ve lo que viene, ni ve lo que tarda;
no ve lo que es piedra, ni ve lo que es pan.

Cuarta señal: apaña la ropa

El cuarto señal, apaña la ropa,
la ropa que halla, ajena a la suya,
la suya y ajena, no pergunta cúya;
cuya señal es su vida poca,

poca firmeza, ceguera muy loca,
loca la vida y loca la muerte,
muerte que apaña en paso tan fuerte,
fuerte señal, que es fuego de estopa.

Apaña ya el mundo a pierna tendida,

apaña ya ciego sin conocimiento,
apaña sin gusto del mantenimiento,
apaña sin gusto, quiere dar la vida,
apaña de prisa, que está de partida;
apaña y no sabe ya lo que se toma.

Apaña la ropa, la casa de Roma,
apaña la manta de cualquier partida.

Quinta señal: estar sin sosiego

El quinto señal ¡Oh, no me duerma alguno!
es que el doliente no está sosegado;
no se contienta de estar bien echado,
ni agradece ya más bien ninguno.

Impaciente y muy importuno?
"No estoy bien aquí, quiérome ir d'aquí."
¿Adónde, allí? ¡Oh qué señal de paso fortuno!
Poco vivirás, ¡oh triste de ti!

"Quiérome vestir, quiérome llevantar.
¡Oh, llevantadme! Quiero ser conde.
Quiero señoría..." "¿¡Conde!? ¿Y dónde?
¿Adó quieres ir, que no hay lugar?"

"No puedo aquí estar ni asosegar."
"Cuitado, ¿qué has? Oh, ¿no te contentas?
Naciste desnudo y en cama de riendas,
¿no asosiegas? ?poco has de turar."

"Estos traveseros, quitaldos allá...
No quiero esta rienta; dadme un obispado...
No estoy contento, no estoy bien echado;
esta cabecera, mudalda acullá.

Bollidme esta cama, que muy dura está.
No puedo aquí estar ni asosegar...
Quiérome ir a Roma, quiero arcebispar,
quiero ser papa..." "¡Oh, el mundo se va!"

Sexta señal: no obra en él meleciña

Ya no le aprovechan las curas divinas
del Hijo de Dios, por él tan sagrado,
y por su salud muerto y crucificado;
y no obran ya en él sus doctrinas.

Ya no le aprovechan, callentes ni frías,
las yerbas y flores de la redención;
ya no le aprovechan, que está en conclusión:
sedme testigo que acaba sus días.

Ya no le aprovechan aguas estiladas
por los ojos claros de la Gloriosa;
ya no le aprovecha la pasión penosa
de mártires y vírgenes por él degolladas.

¡Oh qué señal de presto acabadas
aquestas pisadas del mundo doliente!
Pues de sus males sanar no consiente,
ya está al cabo de sus tres jornadas.

Séptima señal: tiene los cabos fríos.

Frías las manos para dar loores
por males o bienes a Dios su señor;
frías, hieladas en por su amor
dar de lo suyo a pobres pecadores;

frías, muy frías, en pagar sudores

a cuantos cristianos por esclavos tuvo;
frías, sin sangre, en pagar lo que debe
a los cuitados de sus servidores.

Fríos los pies para visitar
los desamparados de los hospitales;
fríos los cabos, son ciertas señales
que el triste del mundo se quiere acabar.

Fríos, hielados para caminar
a ver a su Dios, ni a romerías;
fríos, mortales, que acaba sus días:
el mundo, hermanos, se quiere finar.

Octava señal: turba el habla

Otro señal octavo lo ataja,
que engruesa la lengua, la habla turbada;
engruesa la triste, que está emponzoñada
de falsos testimonios por dame esa paja.

De noche y de día parlar como graja
lisonjas, mentiras de vidas ajenas.
Oh mundo, tú mueres, pues ya que apenas
de las cosas buenas no hablas migaja.

¡Oh qué señal!, pues que ya dispara
con lengua dañosa, la habla turbada.

Novena señal: siente rabia

El nono señal, fin de esta jornada,
aprieta los dientes con rabiosa cara,
medoña, espantable, terrienta, amara,
con tanta soberbia y cada vez más.

¡Oh triste de mundo, poco turarás!
¡Antes no te viera que tal te hallara!
Cerrados los dientes:

¡Oh pesia tal, y Dios es testigo!
¡Oh reñiego de tal, y Dios es presente!
¡Oh, mala señal, cuando el doliente
se muerde las manos lidiando consigo!

No sé que te liga ni sé te digo;
a según las visajes que haces sin tiento,
ya te aparecen en tu finamiento
aquellas visiones de nuestro enemigo.

Tú perdiste el gusto por le complacer,
perdiste la vista por le contemplar,
apañas la ropa para se la dar,
ganaste soberbia por no le perder.

Oh soberbio mundo, flaires, abades,
soberbios beguinos, soberbios ermitaños,
soberbios los meses, soberbios los años,
soberbios palacios, soberbias heredades,
soberbio te finas en cama de engaños.

Y pues las señales de tu acabamiento
ya están al cabo do nenguno apela,
no puede tardar aquella candela
del cielo espantable con ira y tormento.

Será tal la hora de tu pasamiento,
que sólo en vella las gentes se finen.
Dum veneris judicare seculum per ignem:
ésta es la candela de tu finamiento.

Esto abasta, señores, no más

cuanto a la parte segunda presente,
en la cual puede notar quien la siente,
que el triste del mundo va de cara atrás.

Y porque sigamos la regla y compás
de nuestro sermón, según su manera,
síguese ahora la parte tercera
que dice en el tema: "es por demás".

Es por demás la buena semiente ?
sembrada en la tierra estéril y mala;
es por demás vestirse de gala
la vieja arrugada sin muela ni diente;

y por demás es
al galgo ser lindo si no tiene pies;
y es por demás dieta al goloso;
es por demás buen peine al tiñoso,
y todas las cosas que ahora oiréis.

Es por demás pedir al judío
que sea cristiano en su corazón;
es por demás buscar perfección
adonde el amor de Dios está frío.

También está llano
que es por demás al que es mal cristiano
doctrina de Cristo por fuerza ni ruego;
es por demás la candela al ciego,
y consejo al loco y don al villano.

Es por demás predicar verdad,
es por demás clamar por virtud,
es por demás traeros salud,
es por demás reprender maldad,

es por demás, por bien que parezca,

es por demás loar la bondad;
es por demás quebrar la cabeza,
es por demás, que tanto se os da.

Fin

Es por demás, y aquí concluyo,
es por demás aqueste sermón;
empero a Dios demando perdón,
que mando que diga y de miedo rehuyo.

Pliega a la Virgen y al Hijo suyo
que nos dé muerte con nuestra vitoria,
y nos restituya nel cielo ad quam gloria
nos perducat por el poder suyo.

GÓNGORA Y ARGOTE, LUIS DE

(1561-1627, español)

Que se nos va la Pascua

¡Que se nos va la Pascua, mozas,
que se nos va la Pascua!
Mozuelas las de mi barrio,
loquillas y confiadas,
mirad no os engañe el tiempo,
la edad y la confianza.
No os dejéis lisonjear
de la juventud lozana,
porque de caducas flores
teje el tiempo sus guirnaldas.
¡Que se nos va la Pascua, mozas,
que se nos va la Pascua!
Vuelan los ligeros años
y con presurosas alas
nos roban, como harpías,
nuestras sabrosas viandas.
La flor de la maravilla
esta verdad nos declara,
porque le hurta la tarde
lo que le dio la mañana.
¡Que se nos va la Pascua, mozas,
que se nos va la Pascua!
Mirad que cuando pensáis
que hacen la señal de la alba
las campanas de la vida,
es la queda, y os desarma
de vuestro color y lustre,
de vuestro donaire y gracia,

y quedáis todas perdidas
por mayores de la marca.
¡Que se nos va la Pascua, mozas,
que se nos va la Pascua!
   Yo sé de una buena vieja
que fue un tiempo rubia y zarca,
y que al presente le cuesta
harto caro el ver su cara,
porque su bruñida frente
y sus mejillas se hallan
más que roquete de obispo
encogidas y arrugadas.
¡Que se nos va la Pascua, mozas,
que se nos va la Pascua!
   Y sé de otra buena vieja
que un diente que le quedaba
se lo dejó estotro día
sepultado en unas natas;
y con lágrimas le dice:
«Diente mío de mi alma.
yo sé cuándo fuistes perla,
aunque ahora no sois nada».
¡Que se nos va la Pascua, mozas,
que se nos va la Pascua!
   Por eso, mozuelas locas,
antes que la edad avara
el rubio cabello de oro
convierta en luciente plata,
quered cuando sois queridas,
amad cuando sois amadas;
mirad, bobas, que detrás
se pinta la ocasión calva.
¡Que se nos va la Pascua, mozas,
que se nos va la Pascua!

A los celos

¡Oh niebla del estado más sereno,
Furia infernal, serpiente mal nacida!
¡Oh ponzoñosa víbora escondida
De verde prado en oloroso seno!
　　¡Oh entre el néctar de Amor mortal veneno,
Que en vaso de cristal quitas la vida!
¡Oh espada sobre mí de un pelo asida,
De la amorosa espuela duro freno!
　　¡Oh celo, del favor verdugo eterno!,
Vuélvete al lugar triste donde estabas,
O al reino (si allá cabes) del espanto;
　　Mas no cabrás allá, que pues ha tanto
Que comes de ti mesmo y no te acabas,
Mayor debes de ser que el mismo infierno.

De la ambición humana

　　Mariposa, no sólo no cobarde,
Mas temeraria, fatalmente ciega,
Lo que la llama al Fénix aun le niega,
Quiere obstinada que a sus alas guarde,
　　Pues en su daño arrepentida tarde,
Del esplendor solicitada, llega
A lo que luce, y ambiciosa entrega
Su mal vestida pluma a lo que arde.
　　Yace gloriosa en la que dulcemente
Huesa le ha prevenido abeja breve,
¡Suma felicidad a yerro sumo!
　　No a mi ambición contrario tan luciente,
Menos activo sí, cuanto más leve,
Cenizas la hará, si abrasa el humo.

Al nacimiento de Cristo, nuestro Señor (1)

Caído se le ha un Clavel
Hoy a la Aurora del seno:
¡Qué glorioso que está el heno,
Porque ha caído sobre él!

Cuando el silencio tenía
Todas las cosas del suelo,
Y, coronada del yelo,
Reinaba la noche fría,
En medio la monarquía
De tiniebla tan cruel,
Caído se le ha un Clavel
Hoy a la Aurora del seno:
¡Qué glorioso que está el heno,
Porque ha caído sobre él!

De un solo Clavel ceñida,
La Virgen, Aurora bella,
Al mundo se lo dio, y ella
Quedó cual antes florida;
A la púrpura caída
Solo fue el heno fiel.

Caído se le ha un Clavel
Hoy a la Aurora del seno:
¡Qué glorioso que está el heno,
Porque ha caído sobre él!

El heno, pues, que fue dino,
A pesar de tantas nieves,
De ver en sus brazos leves
Este rosicler divino
Para su lecho fue lino,
Oro para su dosel.

Caído se le ha un Clavel
Hoy a la Aurora del seno:
¡Qué glorioso que está el heno,
Porque ha caído sobre él!

Al nacimiento de Cristo, Nuestro Señor (2)

Pender de un leño, traspasado el pecho,
Y de espinas clavadas ambas sienes,
Dar tus mortales penas en rehenes
De nuestra gloria, bien fue heroico hecho;
Pero más fue nacer en tanto estrecho,
Donde, para mostrar en nuestros bienes
A donde bajas y de donde vienes,
No quiere un portalillo tener techo.
No fue esta más hazaña, oh gran Dios mío,
Del tiempo por haber la helada ofensa
Vencido en flaca edad con pecho fuerte
(Que más fue sudar sangre que haber frío),
Sino porque hay distancia más inmensa
De Dios a hombre, que de hombre a muerte.

De la brevedad engañosa de la vida

Menos solicitó veloz saeta
Destinada señal, que mordió aguda;
Agonal carro en la arena muda
No coronó con más silencio meta,
Que presurosa corre, que secreta,
A su fin nuestra edad. A quien lo duda
(Fiera que sea de razón desnuda)
Cada sol repetido es un cometa.
Confiésalo Cartago, ¿y tú lo ignoras?
Peligro corres, Licio, si porfías
En seguir sombras y abrazar engaños.
Mal te perdonarán a ti las horas,
Las horas que limando están los días,
Los días que royendo están los años.

Dejadme llorar

La más bella niña
De nuestro lugar,
Hoy viuda y sola
Y ayer por casar,
Viendo que sus ojos
A la guerra van,
A su madre dice,
Que escucha su mal:

Dejadme llorar
Orillas del mar.

Pues me distes, madre,
En tan tierna edad
Tan corto el placer,
Tan largo el pesar,
Y me cautivastes
De quien hoy se va
Y lleva las llaves
De mi libertad,

Dejadme llorar
Orillas del mar.

En llorar conviertan
Mis ojos, de hoy más,
El sabroso oficio
Del dulce mirar,
Pues que no se pueden
Mejor ocupar,
Yéndose a la guerra
Quien era mi paz,

Dejadme llorar
Orillas del mar.

No me pongáis freno
Ni queráis culpar,
Que lo uno es justo,
Lo otro por demás.
Si me queréis bien,
No me hagáis mal;
Harto peor fuera
Morir y callar,

Dejadme llorar
Orillas del mar.

Dulce madre mía,
¿Quién no llorará,

Aunque tenga el pecho
Como un pedernal,
Y no dará voces
Viendo marchitar
Los más verdes años
De mi mocedad?

Dejadme llorar
Orillas del mar.

Váyanse las noches,
Pues ido se han
Los ojos que hacían
Los míos velar;
Váyanse, y no vean
Tanta soledad,
Después que en mi lecho
Sobra la mitad.

Dejadme llorar
Orillas del mar.

GONZAGA URBINA, LUIS

(1864-1934, mexicano)

La visita

Ha de venir. Vendrá.
¿Cuándo?... No sé. Muy pronto.
Escucho ya su voz remota
y sus pisadas oigo.

Abre la puerta, alma; que no te tenga
que llamar. Y que esté dispuesto todo:
apagado el fogón, limpia la casa,
y el blanco cirio de la fe, en el fondo.

Ha de venir. Vendrá. Calladamente
me tomará en sus brazos. Así como
la madre al niño que volvió cansado
de correr bosques y saltar arroyos.
Yo le diré en voz baja: -Bienvenida-,
y sin miedo, ni asombro,
me entregaré al Misterio,
pensaré en Dios y cerraré los ojos.

JUAN DE LA CRUZ, SAN

(1542-1591, español)

Canciones del alma... [I]

En una noche oscura
con ansias en amores inflamada
¡oh dichosa ventura!
salí sin ser notada
estando ya mi casa sosegada,

a oscuras y segura
por la secreta escala disfrazada,
¡oh dichosa ventura!
a oscuras y en celada
estando ya mi casa sosegada.

En la noche dichosa
en secreto que nadie me veía
ni yo miraba cosa
sin otra luz y guía
sino la que en el corazón ardía.

Aquesta me guiaba
más cierto que la luz del mediodía
adonde me esperaba
quien yo bien me sabía
en sitio donde nadie aparecía.

¡Oh noche, que guiaste!
¡Oh noche amable más que la alborada!
¡Oh noche que juntaste
amado con amada,

amada en el amado transformada!

En mi pecho florido,
que entero para él solo se guardaba
allí quedó dormido
y yo le regalaba
y el ventalle de cedros aire daba.

El aire de la almena
cuando yo sus cabellos esparcía
con su mano serena
y en mi cuello hería
y todos mis sentidos suspendía.

Quedéme y olvidéme
el rostro recliné sobre el amado;
cesó todo, y dejéme
dejando mi cuidado
entre las azucenas olvidado.

Canciones del alma... [II]

¡Oh llama de amor viva,
que tiernamente hieres
de mi alma en el más profundo centro!
pues ya no eres esquiva,
acaba ya si quieres;
rompe la tela de este dulce encuentro.

¡Oh cauterio suave!
¡Oh regalada llaga!
¡Oh mano blanda! ¡Oh toque delicado,
que a vida eterna sabe
y toda deuda paga!,
matando muerte en vida la has trocado.

¡Oh lámparas de fuego
en cuyos resplandores
las profundas cavernas del sentido
que estaba oscuro y ciego
con extraños primores
calor y luz dan junto a su querido!

¡Cuán manso y amoroso
recuerdas en mi seno
donde secretamente solo moras
y en tu aspirar sabroso
de bien y gloria lleno
cuán delicadamente me enamoras!

Coplas...

Entreme donde no supe
y quedéme no sabiendo
toda ciencia trascendiendo.

Yo no supe dónde entraba
pero cuando allí me vi
sin saber dónde me estaba
grandes cosas entendí
no diré lo que sentí
que me quedé no sabiendo
toda ciencia trascendiendo.

De paz y de piedad
era la ciencia perfecta,
en profunda soledad
entendida vía recta
era cosa tan secreta
que me quedé balbuciendo

toda ciencia trascendiendo.

Estaba tan embebido
tan absorto y ajenado
que se quedó mi sentido
de todo sentir privado
y el espíritu dotado
de un entender no entendiendo
toda ciencia trascendiendo.

El que allí llega de vero
de sí mismo desfallece
cuanto sabía primero
mucho bajo le parece
y su ciencia tanto crece
que se queda no sabiendo,
toda ciencia trascendiendo.

Cuanto más alto se sube
tanto menos se entendía
que es la tenebrosa nube
que a la noche esclarecía
por eso quien la sabía
queda siempre no sabiendo,
toda ciencia trascendiendo.

Este saber no sabiendo
es de tan alto poder
que los sabios arguyendo
jamás le pueden vencer
que no llega su saber
a no entender entendiendo
toda ciencia trascendiendo.

Y es de tan alta excelencia
aqueste sumo saber
que no hay facultad ni ciencia

que le puedan emprender
quien se supiere vencer
con un no saber sabiendo,
toda ciencia trascendiendo.

Y si lo queréis oír
consiste esta suma ciencia
en un subido sentir
de la divinal esencia
es obra de su clemencia
hacer quedar no entendiendo
toda ciencia trascendiendo.

Coplas del alma...

Vivo sin vivir en mí
y de tal manera espero
que muero porque no muero.

En mí yo no vivo ya
y sin Dios vivir no puedo
pues sin él y sin mí quedo
este vivir ¿qué será?
Mil muertes se me hará
pues mi misma vida espero
muriendo porque no muero.

Esta vida que yo vivo
es privación de vivir
y así es continuo morir
hasta que viva contigo.
Oye mi Dios lo que digo
que esta vida no la quiero
que muero porque no muero.

Estando ausente de ti
¿qué vida puedo tener
sino muerte padecer
la mayor que nunca vi?
Lástima tengo de mí
pues de suerte persevero
que muero porque no muero.

El pez que del agua sale
aun de alivio no carece
que en la muerte que padece
al fin la muerte le vale.
¿Qué muerte habrá que se iguale
a mi vivir lastimero
pues si más vivo más muero?

Cuando me pienso aliviar
de verte en el Sacramento
háceme más sentimiento
el no te poder gozar
todo es para más penar
y mi mal es tan entero
y muero porque no muero.

Y si me gozo Señor
con esperanza de verte
en ver que puedo perderte
se me dobla mi dolor
viviendo en tanto pavor
y esperando como espero
muérome porque no muero.

Sácame de aquesta muerte
mi Dios y dame la vida
no me tengas impedida
en este lazo tan fuerte
mira que peno por verte,

y mi mal es tan entero
que muero porque no muero.

Lloraré mi muerte ya
y lamentaré mi vida
en tanto que detenida
por mis pecados está.
¡Oh mi Dios! ¿Cuándo será
cuando yo diga de vero
que muero porque no muero?

Otras coplas

Tras de un amoroso lance
y no de esperanza falto
volé tan alto tan alto
que le di a la caza alcance.

Para que yo alcance diese
a aqueste lance divino
tanto volar me convino
que de vista me perdiese
y con todo en este trance
en el vuelo quedé falto
mas el amor fue tan alto
que le di a la caza alcance.

Cuanto más alto llegaba
de este lance tan subido
tanto más bajo y rendido
y abatido me hallaba
dije: "No habrá quien alcance".
Abatíme tanto tanto
que fui tan alto tan alto
que le di a la caza alcance.

Por una extraña manera
mil vuelos pasé de un vuelo
porque esperanza del cielo
tanto alcanza cuanto espera
esperé solo este lance
y en esperar no fui falto
pues fui tan alto tan alto,
que le di a la caza alcance.

Glosa

Sin arrimo y con arrimo,
sin luz y a oscuras viviendo
todo me voy consumiendo.

Mi alma está desasida
de toda cosa criada
y sobre sí levantada
y en una sabrosa vida
sólo en su Dios arrimada.

Por eso ya se dirá
la cosa que más estimo
que mi alma se ve ya
sin arrimo y con arrimo.

Y aunque tinieblas padezco
en esta vida mortal
no es tan crecido mi mal
porque si de luz carezco
tengo vida celestial
porque el amor da tal vida
cuando más ciego va siendo
que tiene al ama rendida

sin luz y a oscuras viviendo.

Hace tal obra el amor
después que le conocí
que si hay bien o mal en mí
todo lo hace de un sabor
y al alma transforma en sí
y así en su llama sabrosa
la cual en mí estoy sintiendo
apriesa sin quedar cosa,
todo me voy consumiendo.

El pastorcico

Un pastorcico solo está penando
Ajeno de placer y de contento
Y en su pastora puesto el pensamiento
Y el pecho del amor muy lastimado.

No llora por haberle amor llagado
Que no le pena verse así afligido
Aunque en el corazón está herido
Mas llora por pensar que está olvidado.

Que sólo de pensar que está olvidado
De su bella pastora con gran pena
Se deja maltratar en tierra ajena
El pecho del amor muy lastimado.

Y dice el pastorcico: "¡Ay desdichado
De aquel que de mi amor ha hecho ausencia
Y no quiere gozar la mi presencia
Y el pecho por su amor muy lastimado!"

Y al cabo de un gran rato se ha encumbrado

Sobre un árbol do abrió sus brazos bellos
Y muerto se ha quedado asido de ellos
Del pecho del amor muy lastimado.

JUANA INÉS DE LA CRUZ, SOR

(1651-1695, mexicana)

Copia divina, en quien veo

Copia divina, en quien veo
desvanecido al pincel,
de ver que ha llegado él
donde no pudo el deseo;
alto, soberano empleo
de más que humano talento;
exenta de atrevimiento,
pues tu beldad increíble,
como excede a lo posible,
no la alcanza el pensamiento.
    ¿Qué pincel tan soberano
fue a copiarte suficiente?
¿Qué numen movió la mente?
¿Qué virtud rigió la mano?
No se alabe el Arte, vano,
que te formó peregrino:
pues en tu beldad convino,
para formar un portento,
fuese humano el instrumento,
pero el impulso, divino.
    Tan espíritu te admiro,
que cuando deidad te creo,
hallo el alma que no veo,
y dudo el cuerpo que miro.
Todo el discurso retiro,
admirada en tu beldad:
que muestra con realidad,
dejando el sentido en calma,

que puede copiarse el alma,
que es visible la deidad.
  Mirando perfección tal
cual la que en ti llego a ver,
apenas puedo creer
que puedes tener igual;
y a no haber Original
de cuya perfección rara
la que hay en ti se copiara,
perdida por tu afición,
segundo Pigmalïón,
la animación te impetrara.
  Toco, por ver si escondido
lo viviente en ti parece:
¿posible es, que de él carece
quien roba todo el sentido?
¿Posible es, que no has sentido
esta mano que te toca,
y a que atiendas te provoca
a mis rendidos despojos?
¿Que no hay luz en esos ojos?
¿Que no hay voz en esa boca?
  Bien puedo formar querella,
cuando me dejas en calma,
de que me robas el alma
y no te animas con ella;
y cuando altivo atropella
tu rigor, mi rendimiento,
apurando el sufrimiento,
tanto tu piedad se aleja,
que se me pierde la queja
y se me logra el tormento.
  Tal vez, pienso que piadoso
respondes a mi afición;
y otras, teme el corazón
que te esquivas desdeñoso.
Ya alienta el pecho, dichoso,

ya infeliz al rigor muere;
pero, como quiera, adquiere
la dicha de poseer,
porque al fin, en mi poder
serás lo que yo quisiere.
  Y aunque ostentes el rigor
de tu Original, fiel,
a mí me ha dado el pincel
lo que no puede el amor.
Dichosa vivo al favor
que me ofrece un bronce frío:
pues aunque muestres desvío,
podrás, cuando más terrible,
decir que eres impasible,
pero no que no eres mío.

Díme, vencedor rapaz

  Dime, vencedor rapaz,
vencido de mi constancia,
¿qué ha sacado tu arrogancia
de alterar mi firme paz?
que aunque de vencer capaz
es la punta de tu arpón
el más duro corazón,
¿qué importa el tiro violento
si a pesar del vencimiento
queda viva la razón?
  Tienes grande señorío;
pero tu jurisdicción
domina la inclinación,
mas no pasa al albedrío.
Y así librarme confío
de tu loco atrevimiento,
pues aunque rendida siento

105

y presa la libertad,
se rinde la voluntad,
pero no el consentimiento.
  En dos partes dividida
tengo el alma en confusión:
una, esclava a la pasión,
y otra, a la razón medida.
Guerra civil, encendida,
aflige el pecho importuna;
quiere vencer cada una,
y entre fortunas tan varias,
morirán ambas contrarias,
pero vencerá ninguna.
  Cuando fuera, amor, te vía,
no mercí de ti, palma;
y hoy que estás dentro del alma
es resistir valentía.
Córrase, pues, tu porfía,
de los triunfos que te gano:
pues cuando ocupas, tirano,
el alma sin resistillo,
tienes vencido el Castillo
e invencible el Castellano.
  Invicta razón alienta
armas contra tu vil saña,
y el pecho es corta campaña
a batalla tan sangrienta.
Y así, Amor, en vano intenta
tu esfuerzo loco ofenderme:
pues podré decir, al verme
expirar sin entregarme,
que conseguiste matarme
mas no pudiste vencerme.

Satíricas a la vanidad masculina

Hombres necios que acusáis
a la mujer sin razón,
sin ver que sois la ocasión
de lo mismo que culpáis:
   si con ansia sin igual
solicitáis su desdén,
¿por qué queréis que obren bien
si las incitáis al mal?

Combatís su resistencia,
y luego, con gravedad,
decís que fue liviandad,
lo que hizo la diligencia.

Parecer quiere el denuedo
de vuestro parecer loco,
al niño que pone el coco
y luego le tiene miedo.

Queréis, con presunción necia,
hallar a la que buscáis,
para pretendida, Thais,
y en la posesión, Lucrecia.

¿Qué humor puede ser más raro,
que el que, falto de consejo,
él mismo empaña el espejo
y siente que no esté claro?

Con el favor y el desdén
tenéis condición igual,
quejándoos, si os tratan mal,
burlándoos, si os quieren bien.

Opinión ninguna gana;
pues la que más se recata,
si no os admite, es ingrata,
y si os admite, liviana.

Siempre tan necios andáis,
que, con desigual nivel,
a una culpáis por crüel

y a otra por fácil culpáis.
   ¿Pues cómo ha de estar templada
la que vuestro amor pretende,
si la que es ingrata, ofende,
y la que es fácil, enfada?
   Mas entre el enfado y pena
que vuestro gusto refiere,
bien haya la que no os quiere
y quejaos en horabuena.
   Dan vuestras amantes penas
a sus libertades alas,
y después de hacerlas malas
las queréis hallar muy buenas.
   ¿Cuál mayor culpa ha tenido
en una pasión errada:
la que cae de rogada,
o el que ruega de caído?
   ¿O cuál es más de culpar,
aunque cualquiera mal haga:
la que peca por la paga,
o el que paga por pecar?
   Pues ¿para qué os espantáis
de la culpa que tenéis?
Queredlas cual las hacéis
o hacedlas cual las buscáis.
   Dejad de solicitar,
y después, con más razón,
acusaréis la afición,
de la que os fuere a rogar.
   Bien con muchas armas fundo
que lidia vuestra arrogancia,
pues en promesa e instancia
juntáis diablo, carne y mundo.

En perseguirme, Mundo, ¿qué interesas?

A la incomprensión mundana

En perseguirme, Mundo, ¿qué interesas?
¿En qué te ofendo, cuando sólo intento
poner bellezas en mi entendimiento
y no mi entendimiento en las bellezas?

Yo no estimo tesoros ni riquezas;
y así, siempre me causa más contento
poner riquezas en mi pensamiento
que no mi pensamiento en las riquezas.

Y no estimo hermosura que, vencida,
es despojo civil de las edades,
ni riqueza me agrada fementida,

teniendo por mejor, en mis verdades,
consumir vanidades de la vida
que consumir la vida en vanidades.

Rosa divina que en gentil cultura

Rosa divina que en gentil cultura
eres, con tu fragante sutileza,
magisterio purpúreo en la belleza,
enseñanza nevada a la hermosura.

Amago de la humana arquitectura,
ejemplo de la vana gentileza,
en cuyo ser unió naturaleza
la cuna alegre y triste sepultura.

¡Cuán altiva es tu pompa, presumida,
soberbia, el riesgo de morir desdeñas,

y luego desmayada y encogida

de tu caduco ser das mustias señas,
con que con docta muerte y necia vida,
viviendo engañas y muriendo enseñas!

Este, que ves, engaño colorido

A su retrato

Este, que ves, engaño colorido,
que del arte ostentando los primores,
con falsos silogismos de colores
es cauteloso engaño del sentido;

éste, en quien la lisonja ha pretendido
excusar de los años los horrores,
y venciendo del tiempo los rigores
triunfar de la vejez y del olvido,

es un vano artificio del cuidado,
es una flor al viento delicada,
es un resguardo inútil para el hado:

es una necia diligencia errada,
es un afán caduco y, bien mirado,
es cadáver, es polvo, es sombra, es nada.

Feliciano me adora y le aborrezco
  Feliciano me adora y le aborrezco;
Lisardo me aborrece y yo le adoro;
por quien no me apetece ingrato, lloro,
y al que me llora tierno, no apetezco.

LEÓN, FRAY LUIS DE

(1527-1591, español)

Oda I

Vida retirada

¡Qué descansada vida
la del que huye del mundanal ruïdo,
y sigue la escondida
senda, por donde han ido
los pocos sabios que en el mundo han sido;

Que no le enturbia el pecho
de los soberbios grandes el estado,
ni del dorado techo
se admira, fabricado
del sabio Moro, en jaspe sustentado!

No cura si la fama
canta con voz su nombre pregonera,
ni cura si encarama
la lengua lisonjera
lo que condena la verdad sincera.

¿Qué presta a mi contento
si soy del vano dedo señalado;
si, en busca deste viento,
ando desalentado
con ansias vivas, con mortal cuidado?

¡Oh monte, oh fuente, oh río,!
¡Oh secreto seguro, deleitoso!
Roto casi el navío,

a vuestro almo reposo
huyo de aqueste mar tempestuoso.

Un no rompido sueño,
un día puro, alegre, libre quiero;
no quiero ver el ceño
vanamente severo
de a quien la sangre ensalza o el dinero.

Despiértenme las aves
con su cantar sabroso no aprendido;
no los cuidados graves
de que es siempre seguido
el que al ajeno arbitrio está atenido.

Vivir quiero conmigo,
gozar quiero del bien que debo al cielo,
a solas, sin testigo,
libre de amor, de celo,
de odio, de esperanzas, de recelo.

Del monte en la ladera,
por mi mano plantado tengo un huerto,
que con la primavera
de bella flor cubierto
ya muestra en esperanza el fruto cierto.

Y como codiciosa
por ver y acrecentar su hermosura,
desde la cumbre airosa
una fontana pura
hasta llegar corriendo se apresura.

Y luego, sosegada,
el paso entre los árboles torciendo,
el suelo de pasada
de verdura vistiendo

y con diversas flores va esparciendo.

El aire del huerto orea
y ofrece mil olores al sentido;
los árboles menea
con un manso ruïdo
que del oro y del cetro pone olvido.

Téngase su tesoro
los que de un falso leño se confían;
no es mío ver el lloro
de los que desconfían
cuando el cierzo y el ábrego porfían.

La combatida antena
cruje, y en ciega noche el claro día
se torna, al cielo suena
confusa vocería,
y la mar enriquecen a porfía.

A mí una pobrecilla
mesa de amable paz bien abastada
me basta, y la vajilla,
de fino oro labrada
sea de quien la mar no teme airada.

Y mientras miserable-
mente se están los otros abrazando
con sed insacïable
del peligroso mando,
tendido yo a la sombra esté cantando.

A la sombra tendido,
de hiedra y lauro eterno coronado,
puesto el atento oído
al son dulce, acordado,
del plectro sabiamente meneado.

113

Oda XXIII

A la salida de la cárcel

Aquí la envidia y mentira
me tuvieron encerrado.
Dichoso el humilde estado
del sabio que se retira
de aqueste mundo malvado,

y con pobre mesa y casa
en el campo deleitoso
con sólo Dios se compasa
y a solas su vida pasa
ni envidiado ni envidioso.

Oda XIV

Al apartamiento

¡Oh ya seguro puerto
de mi tan luengo error! ¡oh deseado
para reparo cierto
del grave mal pasado!
¡reposo dulce, alegre, reposado!;

techo pajizo, adonde
jamás hizo morada el enemigo
cuidado, ni se asconde
invidia en rostro amigo,
ni voz perjura, ni mortal testigo;

sierra que vas al cielo
altísima, y que gozas del sosiego
que no conoce el suelo,

adonde el vulgo ciego
ama el morir, ardiendo en vivo fuego:

recíbeme en tu cumbre,
recíbeme, que huyo perseguido
la errada muchedumbre,
el trabajar perdido,
la falsa paz, el mal no merecido;

y do está más sereno
el aire me coloca, mientras curo
los daños del veneno
que bebí mal seguro,
mientras el mancillado pecho apuro;

mientras que poco a poco
borro de la memoria cuanto impreso
dejó allí el vivir loco
por todo su proceso
vario entre gozo vano y caso avieso.

En ti, casi desnudo
deste corporal velo, y de la asida
costumbre roto el ñudo,
traspasaré la vida
en gozo, en paz, en luz no corrompida;

de ti, en el mar sujeto
con lástima los ojos inclinando,
contemplaré el aprieto
del miserable bando,
que las saladas ondas va cortando:

el uno, que surgía
alegre ya en el puerto, salteado
de bravo soplo, guía,
apenas el navío desarmado;

el otro en la encubierta
peña rompe la nave, que al momento
el hondo pide abierta;
al otro calma el viento;
otro en las bajas Sirtes hace asiento;

a otros roba el claro
día, y el corazón, el aguacero;
ofrecen al avaro
Neptuno su dinero;
otro nadando huye el morir fiero.

Esfuerza, opón el pecho,
mas ¿cómo será parte un afligido
que va, el leño deshecho,
de flaca tabla asido,
contra un abismo inmenso embravecido?

¡Ay, otra vez y ciento
otras seguro puerto deseado!
no me falte tu asiento,
y falte cuanto amado,
cuanto del ciego error es cudiciado.

Oda VIII

Noche Serena

A Don Loarte

Cuando contemplo el cielo
de innumerables luces adornado,
y miro hacia el suelo
de noche rodeado,

en sueño y en olvido sepultado,

el amor y la pena
despiertan en mi pecho un ansia ardiente;
despiden larga vena
los ojos hechos fuente;
Loarte y digo al fin con voz doliente:

«Morada de grandeza,
templo de claridad y hermosura,
el alma, que a tu alteza
nació, ¿qué desventura
la tiene en esta cárcel baja, escura?

¿Qué mortal desatino
de la verdad aleja así el sentido,
que, de tu bien divino
olvidado, perdido
sigue la vana sombra, el bien fingido?

El hombre está entregado
al sueño, de su suerte no cuidando;
y, con paso callado,
el cielo, vueltas dando,
las horas del vivir le va hurtando.

¡Oh, despertad, mortales!
Mirad con atención en vuestro daño.
Las almas inmortales,
hechas a bien tamaño,
¿podrán vivir de sombra y de engaño?

¡Ay, levantad los ojos
aquesta celestial eterna esfera!
burlaréis los antojos
de aquesa lisonjera
vida, con cuanto teme y cuanto espera.

¿Es más que un breve punto
el bajo y torpe suelo, comparado
con ese gran trasunto,
do vive mejorado
lo que es, lo que será, lo que ha pasado?

Quien mira el gran concierto
de aquestos resplandores eternales,
su movimiento cierto
sus pasos desiguales
y en proporción concorde tan iguales;

la luna cómo mueve
la plateada rueda, y va en pos della
la luz do el saber llueve,
y la graciosa estrella
de amor la sigue reluciente y bella;

y cómo otro camino
prosigue el sanguinoso Marte airado,
y el Júpiter benino,
de bienes mil cercado,
serena el cielo con su rayo amado;

—rodéase en la cumbre
Saturno, padre de los siglos de oro;
tras él la muchedumbre
del reluciente coro
su luz va repartiendo y su tesoro—:

¿quién es el que esto mira
y precia la bajeza de la tierra,
y no gime y suspira
y rompe lo que encierra
el alma y destos bienes la destierra?

Aquí vive el contento,
aquí reina la paz; aquí, asentado
en rico y alto asiento,
está el Amor sagrado,
de glorias y deleites rodeado.

Inmensa hermosura
aquí se muestra toda, y resplandece
clarísima luz pura,
que jamás anochece;
eterna primavera aquí florece.

¡Oh campos verdaderos!
¡Oh prados con verdad frescos y amenos!
¡Riquísimos mineros!
¡Oh deleitosos senos!
¡Repuestos valles, de mil bienes llenos!»

Oda XIII

De la vida del cielo

Alma región luciente,
prado de bienandanza, que ni al hielo
ni con el rayo ardiente
fallece; fértil suelo,
producidor eterno de consuelo:

de púrpura y de nieve
florida, la cabeza coronado,
y dulces pastos mueve,
sin honda ni cayado,
el Buen Pastor en ti su hato amado.

Él va, y en pos dichosas
le siguen sus ovejas, do las pace

119

con inmortales rosas,
con flor que siempre nace
y cuanto más se goza más renace.

Y dentro a la montaña
del alto bien las guía; ya en la vena
del gozo fiel las baña,
y les da mesa llena,
pastor y pasto él solo, y suerte buena.

Y de su esfera, cuando
la cumbre toca, altísimo subido,
el sol, él sesteando,
de su hato ceñido,
con dulce son deleita el santo oído.

Toca el rabel sonoro,
y el inmortal dulzor al alma pasa,
con que envilece el oro,
y ardiendo se traspasa
y lanza en aquel bien libre de tasa.

¡Oh, son! ¡Oh, voz! Siquiera
pequeña parte alguna decendiese
en mi sentido, y fuera
de sí la alma pusiese
y toda en ti, ¡oh, Amor!, la convirtiese,

conocería dónde
sesteas, dulce Esposo, y, desatada
de esta prisión adonde
padece, a tu manada
viviera junta, sin vagar errada.

Oda VI

De la Magdalena

Elisa, ya el preciado
cabello, que del oro escarnio hacía,
la nieve ha variado;
¡ay! ¿yo no te decía:
—Recoge, Elisa, el pie, que vuela el día?

Ya los que prometían
durar en tu servicio eternamente,
ingratos se desvían
por no mirar la frente
con rugas afeada, el negro diente.

¿Qué tienes del pasado
tiempo sino dolor? ¿cuál es el fruto
que tu labor te ha dado,
si no es tristeza y luto,
y el alma hecha sierva a vicio bruto?

¿Qué fe te guarda el vano,
por quien tú no guardaste la debida
a tu bien soberano,
por quien mal proveída
perdiste de tu seno la querida

prenda, por quien velaste,
por quien ardiste en celos, por quien uno
el cielo fatigaste
con gemido importuno,
por quien nunca tuviste acuerdo alguno

de ti mesma? Y agora,
rico de tus despojos, más ligero
que el ave, huye, adora
a Lida el lisonjero;

tú quedas entregada al dolor fiero.

¡Oh cuánto mejor fuera
el don de hermosura, que del cielo
te vino, a cuyo era
habello dado en velo
santo, guardado bien del polvo y suelo!

Mas hora no hay tardía,
tanto nos es el cielo piadoso,
mientras que dura el día;
el pecho hervoroso
en breve del dolor saca reposo;

que la gentil señora
de Mágdalo, bien que perdidamente
dañada, en breve hora
con el amor ferviente
las llamas apagó del fuego ardiente,

las llamas del malvado
amor con otro amor más encendido;
y consiguió el estado,
que no fue concedido
al huésped arrogante en bien fingido.

De amor guiada, y pena,
penetra el techo estraño, y atrevida
ofrécese a la ajena
presencia, y sabia olvida
el ojo mofador; buscó la vida;

y, toda derrocada
a los divinos pies que la traían,
lo que la en sí fiada
gente olvidado habían,
sus manos, boca y ojos lo hacían.

Lavaba larga en lloro
al que su torpe mal lavando estaba;
limpiaba con el oro,
que la cabeza ornaba,
a su limpieza, y paz a su paz daba.

Decía: «Solo amparo
de la miseria extrema, medicina
de mi salud, reparo
de tanto mal, inclina
aqueste cieno tu piedad divina.

¡Ay! ¿Qué podrá ofrecerte
quien todo lo perdió? aquestas manos
osadas de ofenderte,
aquestos ojos vanos
te ofrezco, y estos labios tan profanos.

Lo que sudó en tu ofensa
trabaje en tu servicio, y de mis males
proceda mi defensa;
mis ojos, dos mortales
fraguas, dos fuentes sean manantiales.

Bañen tus pies mis ojos,
límpienlos mis cabellos; de tormento
mi boca, y red de enojos,
les dé besos sin cuento;
y lo que me condena te presento:

preséntate un sujeto
tan mortalmente herido, cual conviene,
do un médico perfeto
de cuanto saber tiene
dé muestra, que por siglos mil resuene.»

123

Oda XVIII

En la ascensión

¿Y dejas, Pastor santo,
tu grey en este valle hondo, escuro,
con soledad y llanto;
y tú, rompiendo el puro
aire, ¿te vas al inmortal seguro?

Los antes bienhadados,
y los agora tristes y afligidos,
a tus pechos criados,
de ti desposeídos,
¿a dó convertirán ya sus sentidos?

¿Qué mirarán los ojos
que vieron de tu rostro la hermosura,
que no les sea enojos?
Quien oyó tu dulzura,
¿qué no tendrá por sordo y desventura?

Aqueste mar turbado,
¿quién le pondrá ya freno? ¿Quién concierto
al viento fiero, airado?
Estando tú encubierto,
¿qué norte guiará la nave al puerto?

¡Ay!, nube, envidiosa
aun deste breve gozo, ¿qué te aquejas?
¿Dó vuelas presurosa?
¡Cuán rica tú te alejas!
¡Cuán pobres y cuán ciegos, ay, nos dejas!

Oda XVII

En una esperanza que salió vana

Huid, contentos, de mi triste pecho;
¿qué engaño os vuelve a do nunca pudistes
tener reposo ni hacer provecho?

Tened en la memoria cuando fuistes
con público pregón, ¡ay!, desterrados
de toda mi comarca y reinos tristes,

a do ya no veréis sino nublados,
y viento, y torbellino, y lluvia fiera,
suspiros encendidos y cuidados.

No pinta el prado aquí la primavera,
ni nuevo sol jamás las nubes dora,
ni canta el ruiseñor lo que antes era.

La noche aquí se vela, aquí se llora
el dia miserable sin consuelo
y vence el mal de ayer el mal de agora.

Guardad vuestro destierro, que ya el suelo
no puede dar contento al alma mía,
si ya mil vueltas diere andando el cielo.

Guardad vuestro destierro, si alegría,
si gozo, y si descanso andáis sembrando,
que aqueste campo abrojos solo cría.

Guardad vuestro destierro, si tornando
de nuevo no queréis ser castigados
con crudo azote y con infame bando.

Guardad vuestro destierro que, olvidados

125

de vuestro ser, en mí seréis dolores:
¡tal es la fuerza de mis duros hados!

Los bienes más queridos y mayores
se mudan, y en mi daño se conjuran,
y son, por ofenderme, a sí traidores.

Mancíllanse mis manos, si se apuran;
la paz y la amistad, que es cruda guerra;
las culpas faltan, más las penas duran.

Quien mis cadenas más estrecha y cierra
es la inocencia mía y la pureza;
cuando ella sube, entonces vengo a tierra.

Mudó su ley en mí naturaleza,
y pudo en mí el dolor lo que no entiende
ni seso humano ni mayor viveza.

Cuanto desenlazarse más pretende
el pájaro captivo, más se enliga,
y la defensa mía más me ofende.

En mí la culpa ajena se castiga
y soy del malhechor, ¡ay!, prisionero,
y quieren que de mí la Fama diga:

«Dichoso el que jamás ni ley ni fuero,
ni el alto tribunal, ni las ciudades,
ni conoció del mundo el trato fiero.

Que por las inocentes soledades,
recoge el pobre cuerpo en vil cabaña,
y el ánimo enriquece con verdades.

Cuando la luz el aire y tierras baña,
levanta al puro sol las manos puras,

sin que se las aplomen odio y saña.

Sus noches son sabrosas y seguras,
la mesa le bastece alegremente
el campo, que no rompen rejas duras.

Lo justo le acompaña, y la luciente
verdad, la sencillez en pechos de oro,
la fee no colorada falsamente.

De ricas esperanzas almo coro,
y paz con su descuido le rodean,
y el gozo, cuyos ojos huye el lloro.»

Allí, contento, tus moradas sean;
allí te lograrás, y a cada uno
de aquellos que de mi saber desean,
les di que no me viste en tiempo alguno.

LOPE DE VEGA, FÉLIX

(1562-1635, español)

Es la mujer del hombre...

Es la mujer del hombre lo más bueno,
y locura decir que lo más malo,
su vida suele ser y su regalo,
su muerte suele ser y su veneno.

Cielo a los ojos, cándido y sereno,
que muchas veces al infierno igualo,
por bueno, al Mundo, su valor señalo;
por malo, al hombre, su rigor condeno.

Ella nos da su sangre, ella nos cría;
no ha hecho el Cielo cosa más ingrata;
es un ángel y a veces una arpía.

Quiere, aborrece, trata bien, maltrata,
y es la mujer, en fin, como sangría,
que a veces da salud y a veces mata.

No sabe qué es amor...

No sabe qué es amor quien no te ama,
celestial hermosura, esposo bello,
tu cabeza es de oro, y tu cabello
como el cogollo que la palma enrama.

Tu boca como lirio, que derrama
licor al alba; de marfil tu cuello;

tu mano el torno y en su palma el sello
que el alma por disfraz jacintos llama.

¡Ay Dios!, ¿en qué pensé cuando, dejando
tanta belleza y las mortales viendo,
perdí lo que pudiera estar gozando?

Mas si del tiempo que perdí me ofendo,
tal prisa me daré, que un hora amando
venza los años que pasé fingiendo.

Hombre mortal mis padres...

Hombre mortal mis padres me engendraron,
aire común y luz de los cielos dieron,
y mi primera voz lágrimas fueron,
que así los reyes en el mundo entraron.

La tierra y la miseria me abrazaron,
paños, no piel o pluma, me envolvieron,
por huésped de la vida me escribieron,
y las horas y pasos me contaron.

Así voy prosiguiendo la jornada
a la inmortalidad el alma asida,
que el cuerpo es nada, y no pretende nada.

Un principio y un fin tiene la vida,
porque de todos es igual la entrada,
y conforme a la entrada la salida.

MANRIQUE, JORGE

(1440-1479, español)

Coplas por la muerte de su padre

Recuerde el alma dormida,
avive el seso y despierte
contemplando
cómo se pasa la vida,
cómo se viene la muerte
tan callando,
cuán presto se va el placer,
cómo, después de acordado,
da dolor;
cómo, a nuestro parecer
cualquiera tiempo pasado
fue mejor.

Pues si vemos lo presente
cómo en un punto se es ido
y acabado,
si juzgamos sabiamente,
daremos lo no venido
por pasado.
No se engañe nadie, no,
pensando que ha de durar
lo que espera,
más que duró lo que vio
porque todo ha de pasar
por tal manera.

Nuestras vidas son los ríos
que van a dar en la mar,

que es el morir;
allí van los señoríos
derechos a se acabar
y consumir;
allí los ríos caudales,
allí los otros medianos
y más chicos,
y llegados, son iguales
los que viven por sus manos
y los ricos.

Invocación:

Dejo las invocaciones
de los famosos poetas
y oradores;
no curo de sus ficciones,
que traen yerbas secretas
sus sabores;
A aquél sólo me encomiendo,
aquél sólo invoco yo
de verdad,
que en este mundo viviendo
el mundo no conoció
su deidad.

Este mundo es el camino
para el otro, que es morada
sin pesar;
mas cumple tener buen tino
para andar esta jornada
sin errar.
Partimos cuando nacemos,
andamos mientras vivimos,
y llegamos
al tiempo que fenecemos;
así que cuando morimos

descansamos.

Este mundo bueno fue
si bien usáramos de él
como debemos,
porque, según nuestra fe,
es para ganar aquél
que atendemos.
Aun aquel hijo de Dios,
para subirnos al cielo
descendió
a nacer acá entre nos,
y a vivir en este suelo
do murió.

Ved de cuán poco valor
son las cosas tras que andamos
y corremos,
que en este mundo traidor,
aun primero que muramos
las perdamos:
de ellas deshace la edad,
de ellas casos desastrados
que acaecen,
de ellas, por su calidad,
en los más altos estados
desfallecen.

Decidme: la hermosura,
la gentil frescura y tez
de la cara,
el color y la blancura,
cuando viene la vejez,
¿cuál se para?
Las mañas y ligereza
y la fuerza corporal
de juventud,

todo se torna graveza
cuando llega al arrabal
de senectud.

Pues la sangre de los godos,
y el linaje y la nobleza
tan crecida,
¡por cuántas vías y modos
se pierde su gran alteza
en esta vida!
Unos, por poco valer,
¡por cuán bajos y abatidos
que los tienen!
otros que, por no tener,
con oficios no debidos
se mantienen.

Los estados y riqueza
que nos dejan a deshora,
¿quién lo duda?
no les pidamos firmeza,
pues son de una señora
que se muda.
Que bienes son de Fortuna
que revuelven con su rueda
presurosa,
la cual no puede ser una
ni estar estable ni queda
en una cosa.

Pero digo que acompañen
y lleguen hasta la huesa
con su dueño:
por eso nos engañen,
pues se va la vida apriesa
como sueño;
y los deleites de acá

son, en que nos deleitamos,
temporales,
y los tormentos de allá,
que por ellos esperamos,
eternales.

Los placeres y dulzores
de esta vida trabajada
que tenemos,
no son sino corredores,
y la muerte, la celada
en que caemos.
No mirando nuestro daño,
corremos a rienda suelta
sin parar;
desque vemos el engaño
y queremos dar la vuelta,
no hay lugar.

Si fuese en nuestro poder
hacer la cara hermosa
corporal,
como podemos hacer
el alma tan glorïosa,
angelical,
¡qué diligencia tan viva
tuviéramos toda hora,
y tan presta,
en componer la cativa,
dejándonos la señora
descompuesta!

Esos reyes poderosos
que vemos por escrituras
ya pasadas,
por casos tristes, llorosos,
fueron sus buenas venturas

trastornadas;
así que no hay cosa fuerte,
que a papas y emperadores
y prelados,
así los trata la muerte
como a los pobres pastores
de ganados.

Dejemos a los troyanos,
que sus males no los vimos
ni sus glorias;
dejemos a los romanos,
aunque oímos y leímos
sus historias.
No curemos de saber
lo de aquel siglo pasado
qué fue de ello;
vengamos a lo de ayer,
que también es olvidado
como aquello.

...

Glosa

A su mote que dice: "Ni miento ni me arrepiento"

Ni miento ni me arrepiento,
ni digo ni me desdigo,
ni estoy triste ni contento,
ni reclamo ni consiento
ni fío ni desconfío;
ni bien vivo ni bien muero,
ni soy ajeno ni mío,
ni me vengo ni porfío,
ni espero ni desespero.

Fin

Conmigo solo contiendo
en una fuerte contienda,
y no hallo quien me entienda,
ni yo tampoco me entiendo;
entiendo y sé lo que quiero,
mas no entiendo lo que quiera
quien quiere siempre que muera
sin querer creer que muero.

MARTÍ, JOSÉ

(1853-1895, cubano)

Mi caballero

Por las mañanas
mi pequeñuelo
me despertaba
con un gran beso.
Puesto a horcajadas
sobre mi pecho,
bridas forjaba
con mis cabellos.
Ebrio él de gozo,
de gozo yo ebrio,
me espoleaba
mi caballero:
¡Qué suave espuela
sus dos pies frescos!
¡Cómo reía
mi jinetuelo!
Y yo besaba
sus pies pequeños,
¡dos pies que caben
en solo un beso!

Yo quiero salir del mundo

Yo quiero salir del mundo
por la puerta natural:
en un carro de hojas verdes
a morir me han de llevar.

No me pongan en lo oscuro
a morir como un traidor:
yo soy bueno, y como bueno
¡moriré de cara al sol!

Yo que vivo, aunque me he muerto,

Yo que vivo, aunque me he muerto,
soy un gran descubridor,
porque anoche he descubierto
la medicina de amor.

Cuando al peso de la cruz
el hombre morir resuelve,
sale a hacer bien, lo hace, y vuelve
como de un baño de luz.

Cultivo una rosa blanca.

Cultivo una rosa blanca,
en julio como en enero,
para el amigo sincero
que me da su mano franca.

Y para el cruel que arranca
el corazón con que vivo,
cardo ni ortiga cultivo:
cultivo la rosa blanca.

NERVO, AMADO

(1870-1919, mexicano)

Viejo Estribillo

¿Quién es esa sirena de la voz tan doliente,
de las carnes tan blancas, de la trenza tan bruna?
-Es un rayo de luna que se baña en la fuente,
es un rayo de luna...

¿Quién gritando mi nombre la morada recorre?
¿Quién me llama en las noches con tan trémulo
acento?
-Es un soplo de viento que solloza en la torre,
es un soplo de viento...

Di, ¿quién eres, arcángel cuyas alas se abrasan
en el fuego divino de la tarde y que subes
por la gloria del éter? -Son las nubes que pasan;
mira bien, son las nubes...

¿Quién regó sus collares en el agua, Dios mío?
Lluvia son de diamantes en azul terciopelo...
-Es la imagen del cielo que palpita en el río,
es la imagen del cielo...

¡Oh, Señor! La belleza sólo es, pues, espejismo!
nada más Tú eres cierto, sé Tú mi último Dueño.
¿Dónde hallarte, en el éter, en la tierra, en mí mis-
mo?
-Un poquito de ensueño te guiará en cada abismo,
un poquito de ensueño...

En Paz

Artifex vitae artifex sui

Muy cerca de mi ocaso, yo te bendigo, Vida,
porque nunca me diste ni esperanza fallida,
ni trabajos injustos, ni pena inmerecida;

Porque veo al final de mi rudo camino
que yo fui el arquitecto de mi propio destino;
que si extraje las mieles o la hiel de las cosas,
fue porque en ellas puse hiel o mieles sabrosas:
cuando planté rosales coseché siempre rosas.

...Cierto, a mis lozanías va a seguir el invierno:
¡mas tú no me dijiste que mayo fuese eterno!

Hallé sin duda largas las noches de mis penas;
mas no me prometiste tan sólo noches buenas;
y en cambio tuve algunas santamente serenas...

Amé, fui amado, el sol acarició mi faz.
¡Vida, nada me debes! ¡Vida, estamos en paz!

Cómo callan los muertos

¡Qué despiadados son
en su callar los muertos!

Con razón
todo mutismo trágico y glacial,
todo silencio sin apelación
se llama: un silencio sepulcral.

Réquiem

¡Oh, Señor, Dios de los ejércitos,
eterno Padre, eterno Rey,
por este mundo que creaste
con la virtud de tu poder;
porque dijiste: la luz sea,
y a tu palabra la luz fue;
porque coexistes con el Verbo,
porque contigo el Verbo es
desde los siglos de los siglos
y sin mañana y sin ayer,
requiem aeternam dona eis, Domine,
el lux perpetua luceat eis!

¡Oh, Jesucristo, por el frío
de tu pesebre de Belén,
por tus angustias en el Huerto,
por el vinagre y por la hiel,
por las espinas y las varas
con que tus carnes desgarré,
y por la cruz en que borraste
todas las culpas de Israel;
Hijo del Hombre, desolado,
trágico Dios, tremendo Juez:
requiem aeternam dona eis, Domine,
el lux perpetua luceat eis!

Divino Espíritu, Paráclito,
aspiración del gran Iavéh,
que unes al Padre con el Hijo,
y siendo El Uno sois los Tres;
por la paloma de alas níveas,
por la inviolada doncellez
de aquella Virgen que en su vientre
llevó al Mesías Emmanuel;
por las ardientes lenguas rojas

143

con que inspiraste ciencia y fe
a los discípulos amados
de Jesucristo, nuestro bien:
¡requiem aeternam dona eis, Domine,
el lux perpetua luceat eis!

Si una espina me hiere...

¡Si una espina me hiere, me aparto de la espina,
...pero no la aborrezco! Cuando la mezquindad
envidiosa en mí clava los dardos de su inquina,
esquívase en silencio mi planta, y se encamina hacia
más puro
ambiente de amor y caridad.

¿Rencores? ¡De qué sirven! ¿Qué logran los renco-
res?
Ni restañan heridas, ni corrigen el mal.
Mi rosal tiene apenas tiempo para dar flores,
y no prodiga savias en pinchos punzadores:
si pasa mi enemigo cerca de mi rosal,

se llevará las rosas de más sutil esencia;
y si notare en ellas algún rojo vivaz,
¡será el de aquella sangre que su malevolencia
de ayer vertió, al herirme con encono y violencia,
y que el rosal devuelve, trocado en flor de paz!

El torbellino

»Espíritu que naufraga
en medio de un torbellino,
porque manda mi destino
que lo que no quiero haga;

»frente al empuje brutal
de mi terrible pasión,
le pregunto a mi razón
dónde están el bien y el mal;

»quién se equivoca, quién yerra;
la conciencia, que me grita:
¡Resiste!, llena de cuita,
o el titán que me echa en tierra.

»Si no es mío el movimiento
gigante que me ha vencido,
¿por qué, después de caído,
me acosa el remordimiento?

»La peña que fue de cuajo
arrancada y que se abisma,
no se pregunta a sí misma
por qué cayó tan abajo;

»mientras que yo, ¡miserable!,
si combato, soy vencido,
y si caigo, ya caído
aún me encuentro culpable,

»¡y en el fondo de mi mal,
ni el triste consuelo siento
de que mi derrumbamiento
fue necesario y fatal!»

Así, lleno de ansiedad
un hermano me decía,
y yo le oí con piedad,
pensando en la vanidad
de toda filosofía...,
y clamé, después de oír

«¡Oh, mi sabio no saber,
mi elocuente no argüir,
mi regalado sufrir,
mi ganancioso perder!»

¡Oh Cristo!

Ya no hay un dolor humano que no sea mi dolor;
ya ningunos ojos lloran, ya ningún alma se angustia
sin que yo me angustie y llore;
ya mi corazón es lámpara fiel de todas las vigilias,
¡oh, Cristo!

En vano busco en los hondos escondrijos de mi ser
para encontrar algún odio: nadie puede herirme ya
sino de piedad y amor. Todos son yo, yo soy todos,
¡oh, Cristo!

¡Que importan males o bienes! Para mí todos son
bienes.
El rosal no tiene espinas: para mí sólo da rosas.
¿Rosas de pasión?, ¡Que importa! Rosas de celeste
esencia,
purpúreas como la sangre que vertiste por nosotros,
¡oh, Cristo!»

Via, veritas et vita

Ver en todas las cosas
del Espíritu incógnito las huellas;
contemplar
sin cesar,
en las diáfanas noches misteriosas,
la santa desnudez de las estrellas...

¡Esperar!
¡Esperar!
¿Qué? ¡Quién sabe! Tal vez una futura
y no soñada paz... Sereno y fuerte,
correr esa aventura
sublime y portentosa de la muerte.

Mientras, amarlo todo... y no amar nada,
sonreír cuando hay sol y cuando hay brumas;
cuidar de que en el áspera jornada
no se atrofien las alas, ni oleada
de cieno vil ensucie nuestras plumas.

Alma: tal es la orientación mejor,
tal es el instintivo derrotero
que nos muestra un lucero
interior.

Aunque nada sepamos del destino,
la noche a no temerlo nos convida.
Su alfabeto de luz, claro y divino,
nos dice: "Ven a mí: soy el Camino,
la Verdad y la Vida.

Si tú me dices ven

Si tú me dices ven, lo dejo todo...
No volveré siquiera la mirada
para mirar a la mujer amada...
Pero dímelo fuerte, de tal modo
que tu voz como toque de llamada,
vibre hasta el más íntimo recodo del ser,
levante el alma de su lodo
y hiera el corazón como una espada.
Si tú me dices ven, todo lo dejo...

Llegaré a tu santuario casi viejo,
y al fulgor de la luz crepuscular,
más he de compensarte mi retardo,
difundiéndome ¡Oh, Cristo! como un nardo
de perfume sutil, ante tu altar.

Deidad

Como duerme la chispa en el guijarro
y la estatua en el barro,
en ti duerme la divinidad.
Tan sólo en un dolor constante y fuerte
al choque, brota de la piedra inerte
el relámpago de la deidad.
No te quejes, por tanto, del destino,
pues lo que en tu interior hay de divino
sólo surge merced a él.
Soporta, si es posible, sonriendo,
la vida que el artista va esculpiendo,
el duro choque del cincel.

¿Qué importan para ti las horas malas,
si cada hora en tus nacientes alas
pone una pluma bella más?
Ya verás al cóndor en plena altura,
ya verás concluida la escultura,
ya verás, alma, ya verás...

Uno con Él

Eres uno con Dios, porque le amas,
tu pequeñez ¡qué importa y tu miseria!;
eres uno con Dios, porque le amas.

Le buscaste en los libros,
le buscaste en los templos,
le buscaste en los astros,
y un día el corazón te dijo, trémulo:
"Aquí está", y desde entonces ya sois uno,
ya sois uno los dos, porque le amas.

No podrán separaros
ni el placer de la vida
ni el dolor de la muerte.

En el placer has de mirar su rostro,
en el valor has de mirar su rostro,
en vida y muerte has de mirar su rostro.

"Dios!" dirás en los besos,
dirás "Dios" en los cantos,
dirás "Dios" en los ayes.

Y comprendiendo al fin que es ilusorio
todo pecado (como toda vida),
y que nada de Él, puede separarte,
uno con Dios te sentirás por siempre:
uno solo con Dios porque le amas!

Éxtasis

Cada rosa gentil ayer nacida,
cada aurora que apunta entre sonrojos,
dejan mi alma en el éxtasis sumida
nunca se cansan de mirar mis ojos
¡el perpetuo milagro de la vida!

Años ha que contemplo las estrellas

en las diáfanas noches españolas
y las encuentro cada vez mas bellas.
Años ha que en el mar conmigo a solas,
¡y aún me pasma el prodigio de las olas!

Cada vez hallo la naturaleza
más sobrenatural, más pura y santa,
Para mí, en rededor, todo es belleza:
y con la misma plenitud me encanta
la boca de la madre cuando reza
que la boca del niño cuando canta.

Quiero ser inmortal con sed intensa,
porque es maravilloso el panorama
con que nos brinda la creación inmensa;
porque cada lucero me reclama,
diciéndome al brillar: "Aquí se piensa,
también aquí se lucha, aquí se ama."

Jesús

Jesús no vino al mundo de "los cielos".
Vino del propio fondo de las almas;
de donde anida el yo: de las regiones
internas del Espíritu.

¿Por qué buscarle encima de las nubes?
Las nubes no son el trono de los dioses.
¿Por qué buscarle en los candentes astros?
Llamas son como el sol que nos alumbra,
orbes, de gases inflamados... Llamas
nomás. ¿Por qué buscarle en los planetas?
Globos son como el nuestro, iluminados
por una estrella en cuyo torno giran.

Jesús vino de donde
vienen los pensamientos más profundos
y el más remoto instinto.
No descendió: emergió del océano
sin fin del subconsciente;
volvió a él, y ahí está, sereno y puro.
Era y es un eón. El que se adentra
osado en el abismo
sin playas de sí mismo,
con la luz del amor, ese le encuentra.

Identidad

Tat tuam asi
(Tú eres esto: es decir, tú eres uno
y lo mismo que cuanto te rodea;
tú eres la cosa en sí)

El que sabe que es uno con Dios, logra el Nirvana:
un Nirvana en que toda tiniebla se ilumina;
vertiginoso ensanche de la conciencia humana,
que es sólo proyección de la Idea Divina
en el Tiempo...

El fenómeno, lo exterior, vano fruto
de la ilusión, se extingue: ya no hay pluralidad,
y el yo, extasiado, abísmase por fin en lo absoluto,
y tiene como herencia toda la eternidad!

La sombra del ala

Tú que piensas que no creo
cuando argüimos los dos,
no imaginas mi deseo,

mi sed, mi hambre de Dios;

ni has escuchado mi grito
desesperante, que puebla
la entraña de la tiniebla
invocando al Infinito;
ni ves a mi pensamiento,
que empañado en producir
ideal, suele sufrir
torturas de alumbramiento.

Si mi espíritu infecundo
tu fertilidad tuviese,
forjado ya un cielo hubiese
para completar su mundo.

Pero di, qué esfuerzo cabe
en un alma sin bandera
que lleva por dondequiera
tu torturador quién sabe!;

que vive ayuna de fe
y, con tenaz heroísmo,
va pidiendo a cada abismo
y a cada noche un ¿por qué?

De todas suertes, me escuda
mi sed de investigación,
mi ansia de Dios, honda y muda;
y hay más amor en mi duda
que en tu tibia afirmación.

Jesús

Jesús no vino al mundo de "los cielos".

Vino del propio fondo de las almas;
de donde anida el yo: de las regiones
internas del Espíritu.

¿Por qué buscarle encima de las nubes?
Las nubes no son el trono de los dioses.
¿Por qué buscarle en los candentes astros?
Llamas son como el sol que nos alumbra,
orbes, de gases inflamados... Llamas
nomás. ¿Por qué buscarle en los planetas?
Globos son como el nuestro, iluminados
por una estrella en cuyo torno giran.

Jesús vino de donde
vienen los pensamientos más profundos
y el más remoto instinto.
No descendió: emergió del océano
sin fin del subconsciente;
volvió a él, y ahí está, sereno y puro.
Era y es un eón. El que se adentra
osado en el abismo
sin playas de sí mismo,
con la luz del amor, ese le encuentra.

Amable y silencioso

Amable y silencioso vé por la vida, hijo.
Amable y silencioso como rayo de luna...
En tu faz, como rosas inmateriales, deben
florecer las sonrisas.

Haz caridad a todos de esas sonrisas, hijo.
Un rostro siempre adusto es un día nublado,
es un paisaje lleno de hosquedad, es un libro
en idioma extranjero.

153

Amable y silencioso vé por la vida, hijo.
Escucha cuanto quieran decirte, y tu sonrisa
sea elogio, respuesta, objeción, comentario,
advertencia y misterio...

Como el venero

Recibe el don del cielo, y nunca pidas
nada a los hombres; pero da si puedes;
da sonriendo y con amor; no midas
jamás la magnitud de tus mercedes.

Nada te debe aquél a quien le diste;
por eso tú su gratitud esquiva.
Él fue quien te hizo bien, ya que pudiste
ejercer la mejor prerrogativa,

que es dar, y que a pocos Dios depara.
Da, pues como el venero cristalino,
que siempre brinda más del agua clara
que le pide el sediento peregrino.

La alegre canción de la mañana

-Llegó la luz serena,
y a levantarme voy.
La noche se aleja como una gran pena;
¡qué alegre que estoy!

-Los pájaros en coro
cantan sus alegrías;
las jaulas vibran como arpas de oro.
Hermanos pájaros ¡muy buenos días!

-Las gotas de rocío
comienzan a temblar
cual si tuviesen frío;
las rosas más hermosas del jardincito mío
con esos mil diamantes van a hacerse un
collar.

-El hilo del agua, la trémula brisa,
sus más alegres cosas empiezan a decir.
El cielo resplandece como una gran
sonrisa...
¡qué bello es vivir!

PLAZA, ANTONIO

(1833-1882, mexicano)

Dios

Espíritu de fuego sagrado y rutilante,
tu voz la voz domina de ronca tempestad,
y soles mil coronan tu frente de gigante,
y brilla en tu mirada excelsa majestad.

Señor, tú eras antes que todo lo creado,
antes que fuera el tiempo, Señor ya eras tú,
el ser de gloria lleno tú solo te lo has dado,
tú solo te formaste de tu espléndida luz.

Señor, eras más grande que todo lo que existe;
la cima de los astros es sima para ti;
Señor, tú de la nada al orbe suspendiste,
y pléyades brillantes colgaste en el zafir.

Es tu dosel de estrellas, de luz es tu palacio,
irradia luz de gloria tu espíritu inmortal;
eres quien desplegaste el viento en el espacio,
eres quien extendiste las aguas en el mar.

Tú eres, Dios divino, el Dios omnipotente;
los cielos y los mundos brotaron a tu voz;
un límite le puso tu voz al mar ingente,
y al hombre, dios pequeño, tu soplo le animó.

Retiemblan, si te irritas, los ejes de los cielos;
el rayo se estremece, el sol cubre tu faz;
humillan las montañas su frente hasta los suelos;

las fieras dan rugidos, solloza el huracán.

A tu voz imperiosa los astros se oscurecen,
se rasga de los cielos el diáfano zafir;
los mundos se desquician, los mares desaparecen,
el ser vuelve a la nada, si lo mandas así.

Tú eres luz sublime del cielo y de la tierra,
eres principio eterno de sempiterna luz;
eres la vida sola de cuanto el orbe encierra;
ante ti todo es nada, porque eres todo tú.

Los pueblos y los reyes desfilan presurosos,
y tiempos sobre tiempos se hacinan a tu pie;
y en nada convertidos se pierden, silenciosos,
en ese mar de sombra, calado del no ser.

Eres tú sólo eterno, omniscio; impenetrable,
son nube pasajera los siglos ante ti;
ninguno te conoce, que tú eres impalpable,
pero doquiera se oye tu nombre bendecir.

Señor, eres el Éter que Zenón adoraba,
el "TODO" que Pitágoras sumiso veneró,
el Ser indestructible que Platón deificaba,
la Universal justicia que soñó Cicerón.

Tú eres el Jehová del pueblo de Judea,
y del remoto chino tú eres de Xantí;
eres el sol brillante que a Cartago recrea,
eres del persa el fuego, en él adora a ti.

Eres el Dios que adoran los astros y las nubes,
un himno te levantan los vientos y la mar:
la flor te da su aroma, su canto los querubes,
las aves te consagran su trino matinal.

Tú diste a la oropéndola su traje de colores,
capullo a los gusanos, a las abejas miel,
a las arañas tela y púrpura a las flores,
cubil a los leones y las aguas al pez.

Del arca de Noé la brújula tú fuiste,
y tu brazo detuvo el brazo de Abraham;
libraste a Lot del fuego que en Sodoma encendiste,
de la ballena libre salió por ti Jonás.

A Moisés de las aguas del Nilo tú salvaste,
y le hiciste de un pueblo manumiso feliz;
tu Código en las tablas por dárselo grabaste:
tus rayos coronaron de luz el Sinaí.

Eres quien dio la ciencia infusa a los profetas
que el velo del futuro lograron levantar;
por ti ellos inspirados, sublimes y poetas,
al orbe predijeron grandiosa una verdad.

Hiciste al Nazareno el Sabio entre los sabios,
por ti brilló en su frente de redención la luz;
y aunque con vil brebaje humedeció sus labios
el héroe del martirio, el ángel de la Cruz,

oró por sus verdugos con santidad extrema,
y en hórrido tormento morir supo cual Dios;
por eso ante la Cruz, de oprobio un tiempo,
humilde y de rodillas la humanidad cayó

A ti Dios de los hombres; cuya eternal historia
escrita con tu sangre en el cadalso fue:
sublime ajusticiado. monarca de la gloria,
que fuiste de los hombres la víctima también;

a ti, raudal de soles que inmensos reverberan
doquier multiplicando sus rayos mil y mil;

a ti, la eterna dicha que los hombres esperan,
a ti del alma eterna, eterno porvenir;

a ti, Señor, te ruego con ánima gastada,
que de mi tumba oscura la puerta se abra ya;
arrastro una existencia, maldita, desgraciada,
mis horas son más negras que el alma de Satán.

Pobre mártir, oscuro, coplero estrafalario,
un cáliz de amargura también apuro yo;
y, como Cristo el justo, también hallé un Calvario,
y sufro aquí tormentos que nunca El conoció.

Es un presente horrible la vida que me diste,
la vida tan amarga que yo no te pedí:
Señor, ya no soporto la vida mustia y triste;
devuélveme a la nada... o llévame hacia ti.

El borracho

Generoso en la copa, ruin en todo;
ronca la voz, inyecta la mirada,
párpados gruesos, faz abotagada
y siempre crudo cuando no beodo.
Perdida la razón, goza a su modo,
y nunca estar en su razón le agrada;
que el vino es todo, la razón es nada,
y sólo vive al empinar el codo.
Cuando al inflamarle empieza el aguardiente,
lenguaraz, atrevido y vivaracho,
es intrépido, franco y excelente
amigo; pero juzgo sin empacho
que no es franco, ni amigo, ni valiente;
porque el borracho, en fin, sólo es... borracho.

RAMOS, SERGIO ALTESOR

(1974- , uruguayo)

El nazareno

Junto al mar de Galilea
caminaba el Nazareno
prodigando sus bondades
con su semblante sereno.

Las gentes se le acercaban
suplicando su favor
mientras Él les regalaba
de su prodigiosos amor

Los sordos, ciegos y mancos
el leproso y aún el lisiado
cuando venían a Él
cada uno era sanado.

A los muertos les dio vida
Sanó a los endemoniados
Y está activo en nuestros días
Como en los tiempos pasados.

En este mundo presente
Que no existe nadie bueno
Recordemos al Dios-hombre
Que llamaban Nazareno.

En el amor no hay rencor

(1 Corintios 13)

Embebido de amor por Jesucristo
quiero seguir la senda de la paz,
escapando las garras del rencor
procurando bendecir y perdonar.

Quien odia tortura su existencia
despreciando el colorido de la vida,
sólo piensa en aquello que le hicieron
desangrándose más, sin sanidad.

La textura del amor es diferente, pues
busca que Dios responda a su fiel causa
no se irrita, ni almacena sinsabores,
como tampoco justifica la maldad.

Quien de Jesús se llene sin medida
la fe y esperanza jamás perderá,
si todo acá feneciera inexorable
Dios, fuente de amor, jamás cesará.

Breve historia de amor

(Juan 1:1, 14)

El Verbo se hizo carne,
La carne fue –y es– nuestro hermano,
El hermano se ofreció en sacrificio,
El sacrificio transformó al mundo,
El mundo se abrazó con Dios,
Y Dios nos continúa amando.

La cruz

Cruz, justo juicio del pecado
Cruz, martirio del Salvador
Cruz, esperanza y redención
Cruz, menosprecio del rencor
Cruz, máxima muestra de amor
Cruz, humildad divina
Cruz, grandeza del hombre-Dios
Cruz, que mataste a la muerte
Cruz, antesala de resurrección
Cruz, te cargo sobre mis hombros
Cruz, voy siguiendo tu devenir.

He pecado

(Salmo 51)

He pecado y me arrepiento
Con sincero corazón
La condenación eterna
Es mi justo galardón

He sido desobediente
Sabiendo tu voluntad
Preferí ser un rebelde
Caí en la perversidad

La carne, el mundo y el diablo
Me enredaron con fiereza
Y al estar sin Tu armadura
De su maldad fui la presa

Purifícame hoy te ruego
Límpiame de mi maldad
Restaura mi caminar
A sendas de santidad

Santa Biblia

Santa Biblia
Palabra de inspiración divina
Martillo que quebranta
El corazón de piedra
Fuego poderoso irresistible
Que consume inmundicias
Espada que traspasa el alma
Y al hacerlo das vida
Balsamo que curas
Las heridas sangrantes.

Santa Biblia
Lámpara radiante
Entre oscuras tinieblas,
Corrección para el torpe
Instrucción para el sabio
Pan para moribundos
Agua para sedientos
Cristo, Verbo eterno
Eres Palabra viva
La Biblia completa
Rebosa de tu Verdad.

Santa Biblia
Palabra escrita de Dios
Háblanos, háblanos
¡Cuéntanos sobre Cristo
El Verbo de Dios!
Enséñanos su vida
Instrúyenos en su amor
Y que el Señor del cielo
En su piedad y gracia
Nos cambie el corazón
Para que hablemos claro
La Palabra de Dios.

SANTOS CHOCANO, JOSÉ

(1867-1935, peruano)

¡Quién sabe!

Indio que asomas a la puerta
de esta tu rústica mansión: .
para mi sed no tienes agua?
¿para mi frío, cobertor?
¿parco maíz para mi hambre?
¿para mi sueño, mal rincón?
¿breve quietud para mi andanza?...
-¡Quién sabe, señor!

Indio que labras con fatiga
tierras que de otros dueños son:
¿ignoras tú que deben tuyas
ser, por tu sangre y tu sudor?
¿ignoras tú que audaz codicia,
siglos atrás, te las quitó?
¿ignoras tú que eres el Amo?...
-¡Quién sabe, señor!

Indio de frente taciturna
y de pupilas sin fulgor:
¿qué pensamiento es el que escondes
en tu enigmática expresión?
¿qué es lo que buscas en tu vida?
¿qué es lo que imploras a tu Dios?
¿qué es lo que sueña tu silencio?
-¡Quién sabe, señor!

¡Oh raza antigua y misteriosa

de impenetrable corazón,
que sin gozar ves la alegría
y sin sufrir ves el dolor:
eres augusta como el Ande,
el grande Océano y el Sol.

Ese tu gesto que parece
como de vil resignación,
es de una sabia indiferencia
y de un orgullo sin rencor..
Corre en mis venas sangre tuya,
y, por tal sangre, si mi Dios
me interrogase qué prefiero
- cruz o laurel, espina o flor,
beso que apague mis suspiros
o hiel que colme mi canción
responderíale dudando:
-¡Quién sabe, señor!

Nostalgia

Hace ya diez años
que recorro el mundo.
¡He vivido poco!
¡Me he cansado mucho!

Quien vive de prisa no vive de veras:
quien no hecha raíces no puede dar fruto.

Ser río que corre, ser nube que pasa,
sin dejar recuerdos ni rastro ninguno,
es triste, y más triste para el que se siente
nube en lo elevado, río en lo profundo.

Quisiera ser árbol, mejor que ser ave,

quisiera ser leño, mejor que ser humo,
y al viaje que cansa
prefiero el terruño:
la ciudad nativa con sus campanarios,
arcaicos balcones, portales vetustos
y calles estrechas, como si las casas
tampoco quisieran separarse mucho...
Estoy en la orilla
de un sendero abrupto.
Miro la serpiente de la carretera
que en cada montaña da vueltas a un nudo;
y entonces comprendo que el camino es largo,
que el terreno es brusco,
que la cuesta es ardua,
que el paisaje mustio...

¡Señor!, ya me canso de viajar, ya siento
nostalgia, ya ansío descansar muy junto
de los míos... Todos rodearán mi asiento
para que diga mis penas y triunfos;
y yo, a la manera del que recorriera
un álbum de cromos, contaré con gusto
las mil y una noches de mis aventuras
y acabaré con esta frase de infortunio:

-¡He vivido poco! ¡Me he cansado mucho!

STORMI, ALFONSINA

(1892-1938, argentina)

La invitación amable

Acércate, poeta; mi alma es sobria,
de amor no entiende -del amor terreno-
su amor es mas altivo y es mas bueno.

No pediré los besos de tus labios.
No beberé en tu vaso de cristal,
el vaso es frágil y ama lo inmortal.

Acércate, poeta sin recelos...
ofréndeme la gracia de tus manos,
no habrá en mi antojo pensamientos vanos.

¿Quieres ir a los bosques con un libro,
un libro suave de belleza lleno?...
Leer podremos algún trozo ameno.

Pondré en la voz la religión de tu alma,
religión de piedad y de armonía
que hermana en todo con la cuita mía.

Te pediré me cuentes tus amores
y algunas historia que por ser añeja
nos dé el perfume de una rosa vieja.

Yo no diré nada de mi misma
porque no tengo flores perfumadas
que pudieran así ser historiadas.

El cofre y una urna de mis sueños idos

no se ha de abrir, cesando su letargo,
para mostrarte el contenido amargo.

Todo lo haré buscando tu alegría
y seré para ti tan bondadosa
como el perfume de la vieja rosa.

La invitación está... sincera y noble.
¿Quieres ser mi poeta buen amigo
y sólo tu dolor partir conmigo?
La mirada

Mañana, bajo el peso de los años,
las buenas gentes me verán pasar,
mas bajo el pelo oscuro y la piel mate
algo del muerto fuego asomará.

Y oiré decir: ¿quién es esa que ahora
pasa? Y alguna voz contestará:
-Allá en sus buenos tiempos
hacía versos. Hace mucho ya.

Y yo tendré mi cabellera blanca,
los ojos limpios, y en mi boca habrá
una gran placidez y mi sonrisa
oyendo aquello no se apagará.

Seguiré mi camino lentamente,
mi mirada a los ojos mirará,
irá muy hondo la mirada mía,
y alguien, en el montón, comprenderá.

La quimera

Como los niños iba hacia el oriente, creyendo
que con mis propias manos podría el sol tocar;
Como los niños iba, por la tierra redonda,
persiguiendo, allá lejos, la quimera solar.

Estaba a igual distancia del oriente de oro
por más que siempre andaba y que volvía a andar;
hice como los niños: Viendo inútil la marcha
cogí flores del suelo y me puse a jugar.

Queja

Señor, mi queja es ésta,
tú me comprenderás:
De amor me estoy muriendo,
pero no puedo amar.

Persigo lo perfecto
en mí y en los demás,
persigo lo perfecto
para poder amar.

Me consumo en mi fuego,
¡Señor, piedad, piedad!
De amor me estoy muriendo,
¡pero no puedo amar!

TERESA DE JESÚS, SANTA

(1515 – 1582, española)

Coloquio amoroso

Si el amor que me tenéis,
Dios mío, es como el que os tengo,
Decidme: ¿en qué me detengo?
O Vos, ¿en qué os detenéis?

- Alma, ¿qué quieres de mí?
? Dios mío, no más que verte.
? Y ¿qué temes más de ti?
? Lo que más temo es perderte.

Un alma en Dios escondida
¿qué tiene que desear,
sino amar y más amar,
y en amor toda escondida
tornarte de nuevo a amar?

Un amor que ocupe os pido,
Dios mío, mi alma os tenga,
para hacer un dulce nido
adonde más la convenga.

Vivo sin vivir en mí

Vivo sin vivir en mí,
y tan alta vida espero,
que muero porque no muero.

Vivo ya fuera de mí,
después que muero de amor;
porque vivo en el Señor,
que me quiso para sí:
cuando el corazón le di
puso en él este letrero,
que muero porque no muero.

Esta divina prisión,
del amor en que yo vivo,
ha hecho a Dios mi cautivo,
y libre mi corazón;
y causa en mí tal pasión
ver a Dios mi prisionero,
que muero porque no muero.

¡Ay, qué larga es esta vida!
¡Qué duros estos destierros,
esta cárcel, estos hierros
en que el alma está metida!
Sólo esperar la salida
me causa dolor tan fiero,
que muero porque no muero.

¡Ay, qué vida tan amarga
do no se goza el Señor!
Porque si es dulce el amor,
no lo es la esperanza larga:
quíteme Dios esta carga,
más pesada que el acero,
que muero porque no muero.

Sólo con la confianza
vivo de que he de morir,
porque muriendo el vivir
me asegura mi esperanza;
muerte do el vivir se alcanza,

no te tardes, que te espero,
que muero porque no muero.

Mira que el amor es fuerte;
vida, no me seas molesta,
mira que sólo me resta,
para ganarte perderte.
Venga ya la dulce muerte,
el morir venga ligero
que muero porque no muero.

Aquella vida de arriba,
que es la vida verdadera,
hasta que esta vida muera,
no se goza estando viva:
muerte, no me seas esquiva;
viva muriendo primero,
que muero porque no muero.

Vida, ¿qué puedo yo darle
a mi Dios que vive en mí,
si no es el perderte a ti,
para merecer ganarle?
Quiero muriendo alcanzarle,
pues tanto a mi Amado quiero,
que muero porque no muero.

Vuestra soy, para Vos nací

Vuestra soy, para Vos nací,
¿qué mandáis hacer de mí?

Soberana Majestad,
eterna sabiduría,
bondad buena al alma mía;

Dios alteza, un ser, bondad,
la gran vileza mirad
que hoy os canta amor así:
¿qué mandáis hacer de mí?

Vuestra soy, pues me criastes,
vuestra, pues me redimistes,
vuestra, pues que me sufristes,
vuestra pues que me llamastes,
vuestra porque me esperastes,
vuestra, pues no me perdí:
¿qué mandáis hacer de mí?

¿Qué mandáis, pues, buen Señor,
que haga tan vil criado?
¿Cuál oficio le habéis dado
a este esclavo pecador?
Veisme aquí, mi dulce Amor,
amor dulce, veisme aquí:
¿qué mandáis hacer de mí?

Veis aquí mi corazón,
yo le pongo en vuestra palma,
mi cuerpo, mi vida y alma,
mis entrañas y afición;
dulce Esposo y redención,
pues por vuestra me ofrecí:
¿qué mandáis hacer de mí?

Dadme muerte, dadme vida:
dad salud o enfermedad,
honra o deshonra me dad,
dadme guerra o paz crecida,
flaqueza o fuerza cumplida,
que a todo digo que sí:
¿qué mandáis hacer de mí?

Dadme riqueza o pobreza,
dad consuelo o desconsuelo,
dadme alegría o tristeza,
dadme infierno o dadme cielo,
vida dulce, sol sin velo,
pues del todo me rendí:
¿qué mandáis hacer de mí?

Si queréis, dadme oración,
si no, dadme sequedad,
si abundancia y devoción,
y si no esterilidad.
Soberana Majestad,
sólo hallo paz aquí:
¿qué mandáis hacer de mi?

Dadme, pues, sabiduría,
o por amor, ignorancia;
dadme años de abundancia,
o de hambre y carestía;
dad tiniebla o claro día,
revolvedme aquí o allí:
¿qué mandáis hacer de mí?

Si queréis que esté holgando,
quiero por amor holgar.
Si me mandáis trabajar,
morir quiero trabajando.
Decid, ¿dónde, cómo y cuándo?
Decid, dulce Amor, decid:
¿qué mandáis hacer de mí?

Dadme Calvario o Tabor,
desierto o tierra abundosa;
sea Job en el dolor,
o Juan que al pecho reposa;
sea viña fructuosa

o estéril, si cumple así:
¿qué mandáis hacer de mí?

Sea José puesto en cadenas,
o de Egipto adelantado,
o David sufriendo penas,
o ya David encumbrado;
sea Jonás anegado,
o libertado de allí:
¿qué mandáis hacer de mí?

Esté callando o hablando,
haga fruto o no le haga,
muéstreme la ley mi llaga,
goce de Evangelio blando;
esté penando o gozando,
sólo vos en mí vivid:
¿qué mandáis hacer de mí?

Vuestra soy, para vos nací,
¿qué mandáis hacer de mí?

Ayes del destierro

¡Cuán triste es, Dios mío,
la vida sin ti!
Ansiosa de verte,
deseo morir.

Carrera muy larga
es la de este suelo,
morada penosa,
muy duro destierro.
¡Oh sueño adorado!
sácame de aquí!

Ansiosa de verte,
deseo morir.

Lúgubre es la vida,
amarga en extremo;
que no vive el alma
que está de ti lejos.
¡Oh dulce bien mío,
que soy infeliz!
Ansiosa de verte,
deseo morir.

¡Oh muerte benigna,
socorre mis penas!
Tus golpes son dulces,
que el alma libertan.
¡Qué dicha, oh mi Amado,
estar junto a Ti!
Ansiosa de verte,
deseo morir.

El amor mundano
apega a esta vida;
el amor divino
por la otra suspira.
Sin ti, Dios eterno,
¿quién puede vivir?
Ansiosa de verte,
deseo morir.

La vida terrena
es continuo duelo:
vida verdadera
la hay sólo en el cielo.
Permite, Dios mío,
que viva yo allí.
Ansiosa de verte,

deseo morir.

¿Quién es el que teme
la muerte del cuerpo,
si con ella logra
un placer inmenso?
¡Oh! sí, el de amarte,
Dios mío, sin fin.
Ansiosa de verte,
deseo morir.

Mi alma afligida
gime y desfallece.
¡Ay! ¿quién de su amado
puede estar ausente?
Acabe ya, acabe
aqueste sufrir.
Ansiosa de verte,
deseo morir.

El barbo cogido
en doloso anzuelo
encuentra en la muerte
el fin del tormento.
¡Ay!, también yo sufro,
bien mío, sin ti,
Ansiosa de verte,
deseo morir.

En vano mi alma
te busca oh mi dueño;
Tú, siempre invisible,
no alivias su anhelo.
¡Ay! esto la inflama,
hasta prorrumpir:
Ansiosa de verte,
deseo morir.

¡Ay!, cuando te dignas
Entrar en mi pecho,
Dios mío, al instante
el perderte temo.
Tal pena me aflige
y me hace decir:
Ansiosa de verte,
deseo morir.

Haz, Señor, que acabe
tan larga agonía;
socorre a tu sierva
que por ti suspira.
Rompe aquestos hierros
y sea feliz.
Ansiosa de verte,
deseo morir.

Mas no, dueño amado,
que es justo padezca;
que expíe mis yerros,
mis culpas inmensas.
¡Ay!, logren mis lágrimas
te dignes oír:
Ansiosa de verte,
deseo morir.

Pastores que veláis

¡Ah, pastores que veláis,
por guardar vuestro rebaño,
mirad que os nace un Cordero,
Hijo de Dios Soberano!

Viene pobre y despreciado,
comenzadle ya a guardar,
que el lobo os le ha de llevar,
sin que le hayamos gozado.
Gil, dame acá aquel cayado
que no me saldrá de mano,
no nos lleven al Cordero:
¿no ves que es Dios Soberano?

¡Sonzas!, que estoy aturdido
de gozo y de penas junto.
¿Si es Dios el que hoy ha nacido,
cómo puede ser difunto?
¡Oh, que es hombre también junto!
La vida estará en su mano;
mirad, que es este el Cordero,
Hijo de Dios Soberano.

No sé para qué le piden,
pues le dan después tal guerra.
Mía fe, Gil, mejor será
que se nos torne a su tierra.
Si el pecado nos destierra,
y está el bien todo en su mano,
ya que ha venido, padezca
este Dios tan Soberano.

Poco te duele su pena;
¡oh, cómo es cierto del hombre,
cuando nos viene provecho,

el mal ajeno se esconde!
¿No ves que gana renombre
de pastor de gran rebaño?
Con todo, es cosa muy fuerte
que muera Dios Soberano.

Al nacimiento de Jesús

Hoy nos viene a redimir
un Zagal, nuestro pariente,
Gil, que es Dios omnipotente.

Por eso nos ha sacado
de prisión a Satanás;
mas es pariente de Bras,
y de Menga, y de Llorente.
¡Oh, que es Dios omnipotente!

Pues si es Dios, ¿cómo es vendido
y muere crucificado?
¿No ves que mató el pecado,
padeciendo el inocente?
Gil, que es dios omnipotente.

Mi fe, yo lo vi nacido
de una muy linda Zagala.
Pues si es Dios ¿cómo ha querido
estar con tan pobre gente?
¿No ves, que es omnipotente?

Déjate de esas preguntas,
muramos por le servir,
y pues El viene a morir
muramos con El, Llorente,
pues es Dios omnipotente.

Cruz, descanso sabroso...

Cruz, descanso sabroso de mi vida
vos seáis la bienvenida.
Oh bandera, en cuyo amparo
el más flaco será fuerte,
oh vida de nuestra muerte,
qué bien la has resucitado;
al león has amansado,
Pues por ti perdió la vida:
vos seáis la bienvenida.

Quien no os ama está cautivo
y ajeno de libertad;
quien a vos quiere allegar
no tendrá en nada desvío.
Oh dichoso poderío,
donde el mal no halla cabida,
vos seáis la bienvenida.

Vos fuisteis la libertad
de nuestro gran cautiverio;
por vos se reparó mi mal
con tan costoso remedio;
para con Dios fuiste medio
de alegría conseguida:
vos seáis la bienvenida.

En la cruz está la vida

En la cruz está la vida
y el consuelo,
y ella sola es el camino
para el cielo.

En la cruz está "el Señor

de cielo y tierra",
y el gozar de mucha paz,
aunque haya guerra.
Todos los males destierra
en este suelo,
y ella sola es el camino
para el cielo.

De la cruz dice la Esposa
a su Querido
que es una "palma preciosa"
donde ha subido,
y su fruto le ha sabido
a Dios del cielo,
y ella sola es el camino
para el cielo.

Es una "oliva preciosa"
la santa cruz
que con su aceite nos unta
y nos da luz.
Alma mía, toma la cruz
con gran consuelo,
que ella sola es el camino
para el cielo.

Es la cruz el "árbol verde
y deseado"
de la Esposa, que a su sombra
se ha sentado
para gozar de su Amado,
el Rey del cielo,
y ella sola es el camino
para el cielo.

El alma que a Dios está
toda rendida,

y muy de veras del mundo
desasida,
la cruz le es "árbol de vida"
y de consuelo,
y un camino deleitoso
para el cielo.

Después que se puso en cruz
el Salvador,
en la cruz está "la gloria
y el honor",
y en el padecer dolor
vida y consuelo,
y el camino más seguro
para el cielo.

Vivo sin vivir en mí

Vivo sin vivir en mí,
y tan alta vida espero,
que muero porque no muero

Aquesta divina unión,
del amor con que yo vivo,
hace a Dios ser mi cautivo,
y libre mi corazón;
mas causa en mí tal pasión
vera Dios mi prisionero
que muero porque no muero.

Vivo ya fuera de mí
después que muero de amor;
porque vivo en el Señor,
que me quiso para sí;
cuando el corazón le di

puse en él este letrero:
que muero porque no muero.

Esta divina prisión
del amor con que yo vivo
ha hecho a Dios mi cautivo,
y libre mi corazón;
y causa en mí tal pasión
ver a Dios mi prisionero,
que muero porque no muero.

¡Ay! ¡Qué larga es esta vida,
qué duros estos destierros,
esta cárcel, estos hierros
en que el alma está metida!
Sólo esperar la salida
me causa dolor tan fiero,
que muero porque no muero.

¡Ay! ¡Qué vida tan amarga
do no se goza el Señor!
Y si es dulce el amor,
no lo es la esperanza larga.
Quítame Dios esta carga,
más pesada que el acero,
que muero porque no muero.

Sólo con la confianza
vivo de que he de morir;
porque muriendo el vivir
me asegura mi esperanza.
Muerte do el vivir se alcanza,
no te tardes, que te espero,
que muero porque no muero.

Mira que el amor es fuerte;
vida, no me seas molesta;

mira que sólo te resta,
para ganarte, perderte;
venga ya la dulce muerte,
el morir venga ligero,
que muero porque no muero.

Aquella vida de arriba
es la vida verdadera:
hasta que esta vida muera,
no se goza estando viva.
Muerte, no seas esquiva;
vivo muriendo primero,
que muero porque no muero

Vida, ¿qué puedo yo darle
a mi Dios, que vive en mí,
si no es el perderte a ti,
para mejor a Él gozarle?
Quiero muriendo alcanzarle,
pues tanto a mi Amado quiero,
que muero porque no muero.

Sobre aquellas palabras

"Dilectus Meus Mihi"

Ya toda me entregué y di,
y de tal suerte he trocado,
que es mi Amado para mí,
y yo soy para mi Amado.

Cuando el dulce Cazador
me tiró y dejó rendida,
en los brazos del amor
mi alma quedó caída,
y cobrando nueva vida
de tal manera he trocado,
que es mi Amado para mí,
y yo soy para mi Amado.

Hirióme con una flecha
enherbolada de amor,
y mi alma quedó hecha
una con su Criador;
ya yo no quiero otro amor,
pues a mi Dios me he entregado,
y mi Amado es para mí,
y yo soy para mi amado.

189

UNAMUNO Y JUGO, MIGUEL DE

(1864 – 1936, español)

Agranda la puerta...

Agranda la puerta, Padre,
porque no puedo pasar.
La hiciste para los niños,
yo he crecido, a mi pesar.

Si no me agrandas la puerta,
achícame, por piedad;
vuélveme a la edad aquella
en que vivir es soñar.

A mi buitre

Este buitre voraz de ceño torvo
que me devora las entrañas fiero
y es mi único y constante compañero
labra mis penas con su pico corvo.

El día en que le toque el postrer sorbo
apurar de mi negra sangre, quiero
que me dejéis con él solo y señero
un momento, sin nadie como estorbo.

Pues quiero, triunfo haciendo mi agonía,
mientras él mi último despojo traga,
sorprender en sus ojos la sombría

mirada al ver la suerte que le amaga
sin esta presa en que satisfacía
el hambre atroz que nunca se le apaga.

Madre, llévame a la cama

Madre, llévame a la cama.
Madre, llévame a la cama,
que no me tengo de pie.
Ven, hijo, Dios te bendiga
y no te dejes caer.

No te vayas de mi lado,
cántame el cantar aquél.
Me lo cantaba mi madre;
de mocita lo olvidé,
cuando te apreté a mis pechos
contigo lo recordé.

¿Qué dice el cantar, mi madre,
qué dice el cantar aquél?
No dice, hijo mío, reza,
reza palabras de miel;
reza palabras de ensueño
que nada dicen sin él.

¿Estás aquí, madre mía?
porque no te logro ver...
Estoy aquí, con tu sueño;
duerme, hijo mío, con fe.

Rimas

1

¿Por qué esos lirios que los hielos matan?
¿Por qué esas rosas a que agosta el sol?
¿Por qué esos pajarillos que sin vuelo
se mueren en plumón?

¿Por qué derrocha el cielo tantas vidas
que no son de otras nuevas eslabón?
¿Por qué fue dique de tu sangre pura
tu pobre corazón?

¿Por qué no se mezclaron nuestras sangres
del amor en la santa comunión?
¿Por qué tú y yo, Teresa de mi alma
no dimos granazón?

¿Por qué, Teresa, y para qué nacimos?
¿Por qué y para qué fuimos los dos?
¿Por qué y para qué es todo nada?
¿Por qué nos hizo Dios?

2

Cuando duerme una madre junto al niño
duerme el niño dos veces;
cuando duermo soñando en tu cariño
mi eterno ensueño meces.

Tu eterna imagen llevo de conducho
para el viaje postrero;
desde que en ti nací, una voz escucho
que afirma lo que espero.

Quien así quiso y así fue querido
nació para la vida;
sólo pierde la vida su sentido
cuando el amor se olvida.

Yo sé que me recuerdas en la tierra
pues que yo te recuerdo,
y cuando vuelva a la que tu alma encierra
si te pierdo, me pierdo.

Hasta que me venciste, mi batalla
fue buscar la verdad;
tú eres la única prueba que no falla
de mi inmortalidad.

Y ¿qué es eso...?

Y ¿qué es eso del Infierno?
me dirás.
Es el revés de lo eterno,
nada más.

Que yacer en el olvido
del Señor
es el infierno temido
del Amor.

¡Habla, que lo quiere el niño!

¡Habla, que lo quiere el niño!
¡Ya está hablando!

El Hijo del Hombre, el Verbo
encarnado
se hizo Dios en una cuna
con el canto
de la niñez campesina,
canto alado.

¡Habla, que lo quiere el niño!
¡Hable tu papel, mi pájaro!

Háblale al niño que sabe
voz del alto,
La voz que se hace silencio
sobre el fango...
Háblale al niño que vive
en su pecho a Dios criando...

Tú eres la paloma mística,
tú el Santo
Espíritu que hizo el hombre
con sus manos...

Habla a los niños, que el reino
tan soñado
de los cielos es del niño
soberano,
del niño, rey de los sueños,
¡corazón de lo creado!

¡Habla, que lo quiere el niño!
¡Ya está hablando!

La oración del ateo

Oye mi ruego Tú, Dios que no existes,
y en tu nada recoge estas mis quejas,
Tú que a los pobres hombres nunca dejas
sin consuelo de engaño. No resistes

a nuestro ruego y nuestro anhelo vistes.
Cuando Tú de mi mente más te alejas,
más recuerdo las plácidas consejas
con que mi ama endulzóme noches tristes.

¡Qué grande eres, mi Dios! Eres tan grande
que no eres sino Idea; es muy angosta
la realidad por mucho que se expande

para abarcarte. Sufro yo a tu costa,
Dios no existente, pues si Tú existieras
existiría yo también de veras.

Razón y fe

Levanta de la fe el blanco estandarte
sobre el polvo que cubre la batalla
mientras la ciencia parlotea, y calla
y oye sabiduría y obra el arte.

Hay que vivir y fuerza es esforzarte
a pelear contra la vil canalla
que se anima al restalle de la tralla,
y ¡hay que morir! exclama. Pon tu parte

y la de Dios espera, que abomina
del que cede. Tu ensangrentada huella

por los mortales campos encamina

hacia el fulgor de tu eternal estrella;
hay que ganar la vida que no fina,
con razón, sin razón o contra ella.

Salmo III

Oh, Señor, tú que sufres del mundo
sujeto a tu obra,
es tu mal nuestro mal más profundo
y nuestra zozobra!

Necesitas uncirte al infinito
si quieres hablarme,
y si quieres te llegue mi grito
te es fuerza escucharme.

Es tu amor el que tanto te obliga
bajarte hasta el hombre,
y a tu Esencia mi boca le diga
cuál sea tu nombre.

Te es forzoso rasgarte el abismo
si mío ser quieres,
y si quieres vivir en ti mismo
ya mío no eres.

Al crearnos para tu servicio
buscas libertad,
sacudirte del recio suplicio
de la eternidad.

Si he de ser, como quieres, figura
y flor de tu gloria,

hazte, ¡oh, Tu Creador, criatura
rendido a la historia!

Libre ya de tu cerco divino
por nosotros estás,
sin nosotros sería tu sino
o siempre o jamás.

Por gustar, ¡oh, Impasible!, la pena
quisiste penar,
te faltaba el dolor que enajena
para más gozar.

Y probaste el sufrir y sufriste
vil muerte en la cruz,
y al espejo del hombre te viste
bajo nueva luz.

Y al sentirte anhelar bajo el yugo
del eterno Amor,
nos da al Padre y nos mata al verdugo
el común Dolor.

Si has de ser, ¡oh, mi Dios!, un Dios vivo
y no idea pura,
en tu obra te rinde cautivo
de tu criatura.

Al crear, Creador, quedas preso
de tu creación,
mas así te libertas del peso
de tu corazón.

Son tu pan los humanos anhelos,
es tu agua la fe;
yo te mando, Señor, a los cielos
con mi amor, mi sed.

Es la sed insaciable y ardiente
de sólo verdad;
dame, ¡oh, Dios!, a beber en la fuente
de tu eternidad.

Méteme, Padre eterno, en tu pecho,
misterioso hogar,
dormiré allí, pues vengo deshecho
del duro bregar.

Mi Dios hereje

Aunque ellos me maldigan qué me importa
si me bendices Tú, mi Dios hereje;
tu santa diestra mi destino teje
y Tú me enseñas que la vida es corta

y muy larga la muerte. Me conforta
Tu silencio mandándome no ceje
que lanzar a este viento que nos mece
mi voz que a inquietarse les exhorta.

Mientras de mí, Señor, Tú no recabes
que aquel nuestro secreto al fin divulgue
yo de ellos no me quejo, ya lo sabes,

y encuentro natural se me excomulgue;
muy justo es que la Iglesia con las llaves
del Pescador rascándose se espulgue.

Señor, no me desprecies...

Señor, no me desprecies y conmigo
lucha; que sienta, al quebrantar tu mano
la mía, que me tratas como a hermano,
Padre, pues beligerancia consigo

de tu parte; esa lucha es la testigo
del origen divino de lo humano.
Luchando así comprendo que el arcano
de tu poder es de mi fe el abrigo.

Dime, Señor, tu nombre, pues la brega
toda esta noche de la vida dura
y del albor la hora luego llega;

me has desarmado ya de mi armadura,
y el alma, así vencida, no sosiega
hasta que salga de esta senda oscura.

La unión con Dios

Querría, Dios, querer lo que no quiero;
fundirme en Ti, perdiendo mi persona,
este terrible yo por el que muero
y que mi mundo en derredor encona.

Si tu mano derecha me abandona,
¿qué será de mi suerte? Prisionero
quedaré de mí mismo; no perdona
la nada al hombre, su hijo, y nada espero.

"¡Se haga tu voluntad, Padre!"-repito-
al levantar y al acostarse el día,
buscando conformarme a tu mandato,

pero dentro de mí resuena el grito
del eterno Luzbel, del que quería
ser, ser de veras, ¡fiero desacato!

La mar ciñe

La mar ciñe a la noche en su regazo
y la noche a la mar; la luna, ausente;
se besan en los ojos y en la frente;
los besos dejan misterioso trazo.

Derrítense después en un abrazo,
tiritan las estrellas con ardiente
pasión de mero amor y el alma siente
que noche y mar se enredan en su lazo.

Y se baña en la obscura lejanía
de su germen eterno, de su origen,
cuando con ella Dios amanecía,

y aunque los necios sabios leyes fijen,
ve la piedad del alma la anarquía
y que leyes no son las que nos rigen.

La estrella polar

Luciérnaga celeste, humilde estrella
de navegante guía: la Boquilla
de la Bocina que a hurtadillas brilla,
violeta de luz, pobre centella

del hogar del espacio; ínfima huella
del paso del Señor; gran maravilla
que broche del vencejo en la gavilla
de mies de soles, sólo ella los sella.

Era al girar del universo quicio
basado en nuestra tierra; fiel contraste
del Hombre Dios y de su sacrificio.

Copérnico, Copérnico, robaste
a la fe humana su más alto oficio
y diste así con su esperanza al traste.

Ni mártir ni verdugo

Busco guerra en la paz, paz en la guerra,
el sosiego en la acción y en el sosiego
la acción que labra el soterraño fuego
que en sus entrañas bajo nieve encierra

nuestro pecho. Rodando por la tierra
al azar claro del destino ciego
vida en el juego y en la vida juego
buscando voy. Pues nada más me aterra

que tener que ser águila o tortuga,
condenado a volar o bajo el yugo
del broquel propio a que no cabe fuga,

y pues a Dios entre una y otra plugo
dar a escoger a quien sudor enjuga
ni mártir quiero ser ni ser verdugo.

¿Por qué me has abandonado?

Por si no hay otra vida después de ésta
haz de modo que sea una injusticia
nuestra aniquilación; de la avaricia
de Dios sea tu vida una protesta.

Que un anhelo sin pago así nos presta
y envuelto de su luz en la caricia
el dardo oscuro que al dolor enquicia
en la raíz del corazón asesta.

Tu cabeza, abrumada del engaño
en la roca descansa que fue escaño
de Prometeo, y cuando al fin te aplaste

la recia rueda de la impía suerte,
podrás, como consuelo de la muerte,
clamar: "¿por qué, mi Dios, me abandonaste?"

Breves datos biográficos.

Sergio Altesor Ramos, nació en Uruguay. Al presente reside en la Florida, EE.UU. Graduó con diploma en Estudios Bíblicos del Instituto Bíblico Asambleas (1994-1997), Uruguay. Se Licenció en Teología en el Instituto de Superación Ministerial 1999-2002), Argentina. Obtuvo el grado de Maestría en Divinidades, en el Florida Center for Theological Studies (2003- 2007), EE.UU.

Ramos dicta conferencias en múltiples países, ha sido Pastor de Iglesias tanto en su país, como en los Estados Unidos. Son varios los libros de su pluma. Entre ellos, también publicado por la Editorial ABC:

*Cómo Relacionarse Mejor: manual de técnicas para desarrollar relaciones más satisfactorias, dinámicas y duraderas.

*Bosquejos de sermones: para días y ocasiones especiales.

Visite el blog del autor:
permitamecontarle.blogspot.com

www.ingramcontent.com/pod-product-compliance
Lightning Source LLC
LaVergne TN
LVHW051514080426
835509LV00017B/2060